Conny Sporrer | Anna Maria Sanders

SO ISSER BRAV!

Conny Sporrer | Anna Maria Sanders

SO ISSER BRAV!

Aus dem Leben verzweifelter Menschen und ihrer Hunde

Mit einem Vorwort von Martin Rütter

riva

Bibliografische Information der Deutschen Nationalbibliothek
Die Deutsche Nationalbibliothek verzeichnet diese Publikation in der Deutschen Nationalbibliografie. Detaillierte bibliografische Daten sind im Internet über http://dnb.d-nb.de abrufbar.

Für Fragen und Anregungen
info@rivaverlag.de

Wichtiger Hinweis
Liebe Leserinnen und Leser, liebe Hündinnen und Rüden: Ausschließlich zum Zweck der besseren Lesbarkeit wurde auf eine genderspezifische Schreibweise sowie eine Mehrfachbezeichnung verzichtet. Alle personenbezogenen Bezeichnungen sind somit geschlechtsneutral zu verstehen.

Originalausgabe
1. Auflage 2022

Türkenstraße 89
80799 München
Tel.: 089 651285-0
Fax: 089 652096

Bei diesem Buch handelt es sich um die überarbeitete Neuausgabe des 2018 erschienenen Buches *So isser brav! Aus dem Leben verzweifelter Menschen und ihrer Hunde.*

Lektorat: Simona Turini
Korrektorat: Katja Staud
Umschlaggestaltung: Isabella Dorsch
Umschlagabbildung: Katharina Borgs
Illustrationen (Umschlagrückseite und Innenteil): Nani Unmuth | NaniGraphics®
Satz: Andreas Linnemann
Druck: CPI
Printed in the EU

ISBN Print 978-3-7423-2140-4
ISBN E-Book (PDF) 978-3-7453-1916-3
ISBN E-Book (EPUB, Mobi) 978-3-7453-1917-0

Wir produzieren nachhaltig
www.m-vg.de

Weitere Informationen zum Verlag finden Sie unter
www.rivaverlag.de
Beachten Sie auch unsere weiteren Verlage unter www.m-vg.de

Für Abbey, die nicht nur in diesem Buch so viele wundervolle Spuren hinterlassen hat …

Conny

Für Andi, die Liebe meines Lebens

Anna

VORWORT

»Nur wer einander wirklich versteht, kann auch miteinander glücklich werden.«

Martin Rütter

Seit über 15.000 Jahren leben wir Menschen mit dem Hund zusammen. Und trotzdem haben wir immer noch gehörige Schwierigkeiten, seine Sprache und Bedürfnisse richtig zu verstehen. Die Folge: Probleme aufgrund von Kommunikationsmissverständnissen, mangelnder Beschäftigung und ständiger Vermenschlichung.

Als Hundetrainer besteht meine wichtigste Aufgabe darin, einerseits als Dolmetscher zu fungieren und den Menschen das Verhalten von Hunden und deren Sprache zu übersetzen. Andererseits aber auch als »Anwalt der Hunde« für ihr vermeintliches Fehlverhalten zu plädieren. Wenn ein Vierbeiner an der Leine zieht, Besucher anspringt, Passanten am Zaun verbellt oder jagen geht, handelt es sich um natürliches Hundeverhalten, das wir aber über Erziehung und Training umlenken können und sollten, nicht zuletzt, um dem Tier dadurch ein Höchstmaß an Freiheit gewähren zu können.

Hundeexpertin und Trainer-Kollegin Conny Sporrer ist gemeinsam mit ihrer Co-Autorin, Anna Maria Sanders, mit diesem Buch ein Spagat gelungen, den es so noch nicht gibt: Die Beiden haben einerseits die Höhen und Tiefen der Hundehaltung in eine wirklich unterhaltsame Story verpackt, gleichzeitig aber einen Ratgeber erschaffen, der grundlegende Erziehungstipps enthält und Hundeverhalten absolut verständlich erklärt.

Mit Sicherheit lässt Sie die sehr anschauliche Erzählweise der Hunde, die hier zu Wort kommen, Ihren Vierbeiner bald besser verstehen. Genau dieses Verständnis ist auch die Grundlage für eine gute Beziehung zu Ihrem Hund, die wiederum der Schlüssel für erfolgreiche Erziehung ist. In diesem Sinne wünsche ich Ihnen viel Spaß und noch mehr Aha-Momente beim Lesen,

Ihr Martin Rütter

WIE SIE DIESES BUCH NUTZEN KÖNNEN

Liebe Hundefreunde,

hier noch einige Hinweise, damit Sie sich mit unserem Buch nicht nur unterhalten fühlen, sondern auch ein Höchstmaß an Fachwissen mitnehmen können:

Obwohl sich die wichtigsten Grundprinzipien der Hundeerziehung wie ein roter Faden durch das gesamte Buch ziehen, sind die einzelnen Kapitel jeweils einem bestimmten Schwerpunkt zugeordnet.

Im Stichwortverzeichnis am Ende des Buches sind sämtliche Themen aufgelistet, die in diesem Ratgeber behandelt werden. So können Sie nochmals gezielt einzelne Probleme und Trainingsinhalte nachlesen.

Während des Lesens werden Sie immer wieder auf Informationssymbole mit QR-Codes stoßen. Diese verweisen auf Zusatzinformationen beziehungsweise anschauliche Trainingstipps zum jeweiligen Inhalt auf www.soisserbrav.com. Die QR-Codes können

Sie mit einer Kamera auf Ihrem Smartphone auslesen. Sie können aber auch die angegebene URL nutzen.

Ihnen ist beim Lesen etwas Wesentliches im Zusammenhang mit Ihrem Hund aufgefallen, das Sie keinesfalls vergessen wollen? Dafür bieten die »Notizen« am Buchende Platz.

Und nun wünschen wir gute Unterhaltung beim Lesen und noch mehr Wissenszuwachs für Sie und den Umgang mit Ihrem Hund.

Conny Sporrer
und Anna Maria Sanders

KAPITEL 1
WER NICHT JAGT, DER NICHT GEWINNT

DORIS, 3. OKTOBER

Murphy wäre ein treffenderer Name für diesen Rabauken gewesen. Bei unserem Hund scheint Gesetz zu sein, dass einfach alles schiefgeht, was nur schiefgehen kann. Oder Osama. Ein richtiger Terrorist ist aus ihm geworden. Allerdings: Conan der Barbar hätte es heute am allerbesten getroffen. Es war die reinste Schikane, was er bei unserem Nachmittagsspaziergang mit mir abgezogen hat. Meine Beine sind blutig wie nach einem Gemetzel, meine Unterarme völlig zerkratzt, wegen der Blasen an den Füßen werde ich mindestens eine Woche kaum gehen können und die neuen Sneakers sind nun reif für die Altkleidersammlung.

Dabei begann alles nach Plan, und der war, mit unserem Hund heute das Rückruftraining zu beginnen. In letzter Zeit macht er nämlich immer mehr Faxen und braucht auch von Tag zu Tag mehr »Benjis« (eigentlich: »Beeeeeenjiiiiiis«), um zu kommen, wenn er gerufen wird. Also packte ich ein paar Leckerlis ein, schnappte mir das Lieblingsspielzeug unseres Hundes und hoffte, ich sei ausreichend gewappnet für das Training. Als Übungsleitfaden diente mir ein Video aus dem Internet.

soisserbrav.com/rueckruf

Nachdem ich aber nicht wirklich wusste, wie gut das Training funktionieren würde, spazierte ich mit ihm in die Weinberge, fernab von Straßenverkehr, zu vielen Spaziergängern und anderen Hunden. Ich hatte zwar ein wenig Bauchschmerzen beim Gedanken, Benji frei laufen zu lassen, aber na ja: Wer nicht wagt, der nicht gewinnt.

Bei einem Feld verdorrter Sonnenblumen angekommen, ging ich geistig noch mal die Tipps aus dem Video durch, öffnete den Karabiner der Leine ... und der Albtraum begann. Denn plötzlich erstarrte Benji, spitzte die Ohren, streckte seine Nase kurz in die Luft und im nächsten Augenblick war er in dem Meer aus vertrockneten Blütenköpfen verschwunden. Sekunden später hörte auch ich, was er anscheinend schon vor mir wahrgenommen hatte: den Ruf irgendeines Vogels, wahrscheinlich eines Fasans. *Kein Problem*, dachte ich mir, *soll er doch nach dem Federvieh suchen und das arme Tier vermutlich auch hochjagen, aber dann wird er sich bestimmt erinnern, mit wem er den Spaziergang begonnen hat und wer ihm abends immer brav die Dosen öffnet.*

Da sollte ich mich aber mal gründlich getäuscht haben. Denn nach einigen Minuten wurde ich unruhig und rief den kleinen

Jäger. Erst einmal, dann nochmals und dann auch ein drittes Mal – keine Reaktion. Also legte ich noch eins drauf und quietschte mit seinem Lieblingsspielzeug. Nichts. Schließlich raschelte ich mit der Leckerli-Packung und tat, was ich auf der Hundewiese schon oft bei anderen Hundehaltern gesehen und immer mit einem inneren Augenverdrehen kommentiert hatte.

»Leckerliiiii«, hörte ich mich in der Hoffnung rufen, damit irgendeine verlockende Assoziation auszulösen.

Keine Spur von unserem Vierbeiner. Als nach zehn Minuten immer noch kein Hund in Sicht war, dafür aber unzählige Fasanendamen aus ihren Verstecken geflohen waren, machte sich in mir Panik breit. Ich begann mich durch die kratzigen Halme zu kämpfen und meine Rufe nach unserem Terrorbolzen wurden mit jedem »Benji« um einige Dezibel lauter.

Nach weiteren 20 Minuten und einer immer kraftloser werdenden Stimme verließen mich dann schließlich die Nerven – Katja hatte mir erst vor ein paar Tagen von einem Hund erzählt, der von einem Jäger erschossen worden war – und ich rief Harald an. Der war zwar nicht sehr erfreut über meine Bitte, sich ins Auto zu setzen und mir bei der Suche nach Benji zu helfen, da er noch einen Bericht fertig zu schreiben hatte. Aber offenbar bemerkte er meine Verzweiflung und sparte sich weitere Kommentare.

Zehn Minuten später tauchte Haralds Auto am Horizont auf, gefolgt von zwei olivgrünen Geländewagen. Mir schwante schon, wer sein Geleit darstellte ... Die Jägerschaft war anscheinend von einem selbst ernannten Zivil-Sheriff darüber informiert worden, dass am Feldweg hinter der Waldmeister-Siedlung ein Hund wildert. Jetzt war ich richtig sauer, denn die Männer in Grün mit ihren Gewehren sind noch nie mein Fall gewesen, und welche Weisheiten mich da in den nächsten Minuten erwarten würden, konnte ich mir gut vorstellen. Mittlerweile wollte ich statt Benjis Namen am liebsten nur noch Ausdrücke rufen, für die sich unsere beiden Jungs saftige Standpauken eingehandelt hätten.

Wie ist uns dieser Hund eigentlich so entglitten?, fragte ich mich resigniert und rief Harald und den Jägern zu, dass sich gerade etwa 30 Meter von ihnen entfernt etwas im Feld bewegt hätte.

Irgendwie häufen sich in letzter Zeit die Situationen, in denen ich mich hilflos und wütend fühle. Gestern hat Benji zum Beispiel Smarties neue Fußballschuhe komplett geschreddert, nachdem Harald und ich zur Arbeit gefahren waren, und auch sein Benehmen gegenüber anderen Hunden wird immer unmöglicher. Er führt sich in unserer Straße auf wie der Hausmeister, als ob er hier alle Rechte hätte, und bellt bei nahezu jedem Hundekontakt die Tonleiter rauf und runter.

Außerdem benimmt er sich den Kindern gegenüber rotzfrech, springt sie an und hat sie beim Fußballspielen im Garten kürzlich sogar in die Schuhe gezwickt, als sie ihm offenbar zu schnell rumliefen. Auch die Katzen trauen sich seit ein paar Tagen nicht mehr aus dem ersten Stock herunter, nachdem er sie letzte Woche – wie bei Tom und Jerry – quer durchs Wohnzimmer gejagt hat und ihn nur die rutschige Treppe nach oben daran gehindert hat, sie bis durch den Schornstein zu verfolgen.

Möglicherweise werden wir auch bald keinen Besuch mehr haben, denn vorgestern war Tante Alma da, an der er so oft hochgesprungen ist, dass in meinem Kopf seither ständig Bilder von ... Nein, am besten gar nicht daran denken und diese absolut peinliche Situation unter dem Schlagwort »Strumpfhosen-Gate« bei den Familiengeheimnissen begraben.

All das ging mir durch den Kopf, als ich zwischen den dicken Stängeln umherstapfte, und ich merkte, dass schon wieder 30 Minuten vergangen waren, es mittlerweile dunkel wurde und mir zum Rufen nun völlig die Kraft ausgegangen war. Außerdem machte die Wut nach und nach der Verzweiflung Platz.

Wir konnten Benji im Feld zwar immer wieder entdecken, wenn sich da und dort etwas bewegte und er auch hin und wieder mal ein hohes Bellen von sich gab. Aber es hatte den Anschein, als wäre er uns ständig um einige Nasenlängen voraus. Wir bekamen ihn einfach nicht zu fassen, als ob wir ihn wie mit dem Gegenpol eines Magneten ständig vor uns herschoben. Als die Jägerschaft dann Flutlichter auspackte und übers Feld schwenkte, sah ich mich am Ende meiner Möglichkeiten und ging erschöpft und völlig entmutigt zu Harald und den Herren im grünen Loden-Outfit.

»Der braucht aber mal einen ordentlichen Grundgehorsam. Von Unterordnung hat der wohl noch nichts gehört!«, herrschte mich einer der Jäger an.

Ich hob den Kopf, schaute ihn mit einem Blick an, der sogar einen bewaffneten Mann zum Schweigen bringt, und wollte ihm die Situation erklären. Doch gerade als ich mich mit den Worten zu rechtfertigen begann, dass ich ja ohnehin am Trainieren gewesen war, stand plötzlich Benji neben uns, die Zunge vor Erschöpfung fast am Boden. Seine Augen standen irgendwie quer und er wirkte berauscht und völlig neben der Spur. Über eine Stunde war er weg gewesen, es fühlte sich aber an wie mindestens drei.

Mit zittrigen Händen und meinem letzten bisschen Kraft klemmte ich mir den Ausreißer kommentarlos unter den Arm, rief den Jägern ein zynisches »Waidmannsdank« zu und marschierte zu unserem Auto. Harald, dem die ganze Sache offenbar sehr unangenehm war, entschuldigte er sich bei den ungebetenen Helfern noch mal und ab ging es nach Hause.

Daheim angekommen, brauchte ich erst mal einen Beruhigungsschnaps, und Max und Smartie, die mich maximal mit einem Glas Sekt auf einer Feier kennen, wollten natürlich gleich wissen, was los war. Doch für lange Erklärungen hatte ich wirklich keinen Nerv mehr und schickte sie mit dem Versprechen, ihnen morgen alles zu erzählen, ins Bett.

Dort war Benji im Übrigen auch schon, denn nachdem er von der Garage ins Haus gewankt war, als hätte er irgendwo im Feld heimlich einen über den Durst getrunken, kollabierte er in seinem Körbchen, wo er nun seelenruhig schlief und aussah, als könnte er im Wachzustand Fasanen gerade mal zuwinken, sie aber keinesfalls jagen.

Nachdem also Ruhe eingekehrt war, wollte ich mit Harald noch mal reflektieren, was genau passiert war. Aber der wollte nach der ganzen Action nur noch seinen Frieden haben, was mir wirklich sauer aufstieß, denn bei ihm gehorcht der Hund noch zehnmal weniger als bei mir. Will ich einem Benji-Problem aber gemeinsam mit Harald auf den Grund gehen, kommen immer nur Plattitüden wie »Das ist halt ein Hund«.

Aber sicher doch, ich lass ihn mal einfach die Zierkissen zerbeißen, auf den Wohnzimmerteppich pinkeln oder mit seinen scharfen Krallen Muster in die Türen ritzen. Da möchte ich sehen, ob ich ihn dann immer noch lassen soll und wie viel Hundsein Harald ihm dann noch zugesteht. Denn genau in solchen Situationen wird mein lieber Mann ungeduldig mit Benji und denkt, er würde sein Fehlverhalten ändern, wenn er ihn anschnauzt oder nur laut genug schreit.

Bei unseren beiden Jungs ist es auch nicht anders. Harald schaut irgendwelchen Missständen ewig zu und wenn's ihm dann zu bunt wird, brüllt er los. Das ist in den letzten Monaten zwar schon besser geworden, vor allem auch, weil er jetzt nicht nur von mir, sondern auch beim Elterntraining hört, wie wichtig Regeln, Grenzen und Konsequenz für Kinder – und besonders für solche wie Max – sind, aber dass das unser neues Familienmitglied offenbar auch zu brauchen scheint, will er nicht wahrhaben.

Ich weiß wirklich nicht, was ich mir dabei gedacht habe, mir bei unserem ohnehin recht verhaltensoriginellen Nachwuchs (sorry Max!) noch eine weitere Aufgabe aufzuhalsen. Aber dann fanden wir diesen süßen Vierbeiner ausgesetzt an einem Rasthof knapp nach der heimischen Grenze und nahmen ihn mit. Eigentlich, um ihn im Tierheim abzugeben, aber einer der Gründe, ihn doch zu behalten, war die Überlegung, dass der Hund unseren Jungs guttun könnte.

Aus den vielen Erziehungsbüchern, die ich wegen Max schon gelesen hatte, wusste ich ja bereits, dass gerade für impulsive Zappelphilippe wie ihn Tiere eine unheimliche Bereicherung sein können. Zum einen akzeptieren sie Kinder, ohne sie zu beurteilen – für hyperaktive Kinder, die aufgrund ihres für das Umfeld leider recht nervigen Verhaltens immer wieder verbal eins übergebraten bekommen, ist das Balsam für die Seele. Zum anderen sind Tiere immer dein Freund, selbst wenn du auf dem Pausenhof nicht das neueste Handy aus der Hosentasche ziehst. Und man kann sie kuscheln und ihnen von seinen Problemen erzählen, wenn mal wieder was nicht rund läuft. Gerade die Häufigkeit der unrunden Situationen wird sich bei Max in Zukunft vermutlich noch mal um ein paar Ticken steigern, da er ja erst vor Kurzem seinen zwölften Geburtstag gefeiert hat und die Pubertät nicht mehr lange auf sich warten lassen wird.

Darüber hinaus muss man für ein Tier auch Verantwortung übernehmen – etwas, das Kindern wie Max unheimlich schwerfällt. Das Interesse an einer Sache nur ein paar Minuten halten zu können und sie dann achtlos in einer Ecke liegen zu lassen, ist bei einem Fidget Spinner nicht schlimm, bei einem Tier reden wir aber von vielen Jahren Engagement und Verpflichtung.

Auch Max' ausgeprägte Impulsivität kann mit Tieren zurückgefahren werden. Denn wer eine Katze oder einen Hund zu ungestüm behandelt, erfährt in der direkten Reaktion des Vierbeiners die Konsequenzen seines unangepassten Verhaltens. Benji zeigt das Max zum Beispiel ganz eindeutig: Wenn unser Junior zu quirlig für ihn ist, weicht der Hund aus und entzieht sich der Situation. Daraus hat Max schon gelernt, sich vorsichtig zu nähern und sich auf sein Gegenüber einzustellen.

Aus all diesen Gründen hatten wir schon vor über einem Jahr die beiden Katzen zu uns genommen. Max blühte richtiggehend auf, als wir Sira und Moritz von unserem Biobauern holten. Doch auch wenn er und Smartie unsere beiden Stubentiger über alles lieben, haben sich die beiden eigentlich immer einen Hund gewünscht. Zum Toben und Spielen draußen. Und als ob sie den Wunsch ins Universum abgeschickt und es ganz genau hingehört hätte, hielten wir bei der Heimfahrt aus unserem Kroatienurlaub vor sechs

Wochen exakt an dem Rasthof, an dem das Schicksal Benji für uns hinterlassen hatte. *esoterik off*

Ich werde nie vergessen, wie wir unseren Vierbeiner von dort vorerst mal nur mitnahmen, um das süße Findelkind dann am nächsten Tag im Tierheim abzugeben, in der Hoffnung, er würde ein liebevolles neues Zuhause finden. Denn so herzallerliebst er auch war, musste ich uns alle daran erinnern, dass wir zwei Katzen daheim hatten und das möglicherweise nicht gut gehen würde. Außerdem war da noch die viel dringlichere Frage, wer sich um das Tier kümmern würde. Denn auch wenn ich noch nie einen Hund gehabt hatte, war klar, dass da bei Weitem mehr Arbeit dranhängen würde als mit Katzen, die ihr Geschäft alleine irgendwo im Freien oder auf dem Katzenklo verrichten und denen man zweimal am Tag eine Dose öffnet.

Eine innere Hochrechnung sagte mir nämlich, dass realistisch betrachtet *ich* den Großteil der Verantwortung für den Hund übernehmen müsste, wenn er denn tatsächlich bei uns bliebe. Smartie mit seinen dreizehneinhalb Jahren würde in ein bis zwei Jahren wohl eher die Mädels ausführen als den Hund. Außerdem spricht er schon lange davon, mit 15 ein Austauschjahr in den USA verbringen zu wollen, was Harald und ich durchaus unterstützen würden.

Und Max würde zwar ständig mit dem Tier kuscheln und sicher auch versuchen, ihm irgendwelche Tricks beizubringen, aber dass er täglich mit ihm Gassi geht, könnte ich mir gerade bei unserem Jüngeren mit Sicherheit abschminken. Wörter wie »regelmäßig« und »Verpflichtung« lassen sich kaum im selben Satz wie »Max« aussprechen. Er ist zwar für das Füttern von Sira und Moritz am Morgen zuständig, aber kurz mal eine Dose zu öffnen, bevor er sich selbst an den Frühstückstisch setzt, ist eine andere Nummer, als Gassirunden zwischen Hausaufgaben, Fußballtraining und Skatepark unterzubringen.

Bliebe noch Harald. Aber als ich mir vorstellte, was für ein steiniger Weg es gewesen war, ihn in puncto Regeln und Konsequenzen bei den Jungs mit ins Boot zu holen, war unschwer zu erraten, dass er mich beim Erziehen eines Hundes nicht wirklich unterstützen würde. Klar hatte auch er beim Anblick des kleinen Kerls sofort Herzen in den Augen gehabt und wollte ihn genau wie die Jungs unbedingt behalten. Aber sicher nur, weil er genau wusste, dass er mit dem neuen Familienzuwachs maximal ein paar Runden laufen und toben würde, schlussendlich ich aber die Arbeit mit ihm hätte – obwohl ich genau wie er einen Vierzig-Stunden-Job habe.

Als der kleine Kerl dann am nächsten Morgen aber mit seinen treuherzigen Augen am Frühstückstisch zu uns hochblickte und auch die erste Begegnung mit unseren Samtpfoten überaus erfreulich verlief, war uns allen nur durch Austausch eines Blickes klar: Wir würden das süße Waisenkind behalten. Ein Anruf bei der nächsten Polizeistation klärte dann auch den bürokratischen Teil der Aufnahme unseres neuen Mitgliedes in die Familie: Wir müssten das Tier als »gefunden« melden und wenn sein Herrchen oder Frauchen vier Wochen lang nicht nachfragen würden, ob sein oder ihr Hund gefunden worden sei, wären wir die neuen rechtmäßigen Besitzer des Vierbeiners.

Spätestens nach meinem unfreiwilligen Ausflug durch die kratzigen Sonnenblumenstängel heute weiß ich allerdings nicht, ob ich diese Entscheidung wieder treffen würde. Klar bin ich absolut vernarrt in unseren Vierbeiner, aber wenn ich gewusst hätte, wie viel Erziehungsarbeit ein Hund bedeutet, hätte ich diesen Schritt möglicherweise nicht gewagt.

Noch dazu, wo es von Harald dahingehend wie befürchtet null Unterstützung gibt. Und nicht nur, dass Harald Benji kein bisschen erzieht, boykottiert er auch immer wieder meine Versuche, dies zu tun. Denn kurz nach seiner Aussage, er brauche nach dieser ganzen Hunde-Suchaktion heute Ruhe, tauchte er doch glatt mit einem Ochsenziemer im Wohnzimmer auf.

»Benjiiii«, rief er frohlockend, traute sich aber nicht, in meine Richtung zu schauen, weil er wusste, welche Blicke ihn da erwarten würden. Aber ich war zu müde, dazu noch etwas zu sagen.

Unser Vierbeiner hob aber, noch immer völlig erschöpft in seinem Körbchen liegend, gerade mal die rechte Augenbraue. Eigentlich wäre es wohl an mir gewesen, Harald klarzumachen, wie kontraproduktiv es ist, wenn dieser Rabauke nun auch noch mit einer besonderen Leckerei belohnt wird. Aber ich war einfach zu fertig, eine weitere unserer in der Zwischenzeit legendär gewordenen Benji-Diskussionen zu starten.

Harald hatte allerdings meinen »Das darf doch jetzt nicht wahr sein«-Blick gesehen und erklärte mir, dass sein Arbeitskollege Peter auf Spaziergängen mit seinem Hund immer eine besondere Beute wie ein Fläschchen Wildblut dabeihat, um zu vermitteln, dass er der beste Jäger ist und es keinen Anlass gibt, neue Beute zu machen. Das will er nun auch mal probieren ...

Über diese bescheuerte Theorie konnte ich nur den Kopf schütteln und verließ wortlos den Raum, um nach oben zu gehen, wo ich unter der Dusche immer noch über unseren Hund nachdenken musste. Mir dämmerte, dass Benji ja noch nicht mal im Haus kommt, wenn er gerufen wird. Wie sollte das dann – ob mit oder ohne »Beute« in Herrchens Hand – draußen funktionieren?

Wahrscheinlich habe ich Benjis Jagdambitionen auch unterschätzt, weil er anfänglich bei Sira und Moritz kein Interesse hatte, den beiden hinterherzuhetzen. Na ja, vielleicht sollte ich die Latte mal tiefer legen und nicht gleich in der Königsdisziplin »Erfolgreicher Rückruf im Fasanenfeld« antreten?

Fest steht, es muss sich etwas ändern! Als ersten Schritt rufe ich morgen bei der Hundeschule an, an der ich immer vorbeifahre, und statte denen mit unserem Schlawiner mal einen Besuch ab.

BENJI, 4. OKTOBER

Gestern hatte ich die Sause meines Lebens. Nach einem echt langweiligen Tag drehte Frauchen mit mir die große Runde bis in die Weinberge. Am Anfang war ich noch wirklich guter Dinge, weil ich diese langen Spaziergänge einfach liebe. Doch schon bald merkte ich, dass mit Frauchen heute nicht wirklich was anzufangen war. Vergeblich versuchte ich ein paarmal, ihre Aufmerksamkeit zu bekommen. Ich hob immer wieder meinen Kopf, schaute zu ihr hoch, zog an der Leine – immer in der Hoffnung, dass sie sich mit mir beschäftigen würde.

Mir war nämlich nicht entgangen, dass sie meinen Lieblingsquietschball dabeihatte. Doch egal, was ich machte, sie tat, als wäre ich Luft! Alles, was da kam, waren ihre üblichen unverständlichen Laute, die sie öfter mal von sich gibt, wenn sie sich dieses Ding ans Ohr hält.

Da sie meine Kooperationsangebote und Aufforderungen nach Action also verschmähte, widmete ich mich den spannenden Gerüchen am Boden, verfolgte Spuren, buddelte Löcher und lauschte den vielen Rufen der Wildnis. Bis Frauchen plötzlich die beste Idee überhaupt hatte: mich endlich von diesem lästigen Leinending zu befreien. Just in dem Augenblick quiekte es irgendwo und wie auf Knopfdruck hetzte ich los. Meine Pfoten gruben sich in den weichen Boden, Gras, Dreck und Staub flogen mir um die Nase und ich zischte im Zickzack durchs Gelände – ein paradiesisches Gefühl war das und alles rundherum war wie ausgeblendet.

Dann stand ich plötzlich vor dem quietschenden Verursacher des Geräuschs und war etwas baff, denn so einen riesigen Vogel hatte ich noch nie gesehen. Und er offenbar noch keinen Hund. Panisch flatterte er hoch und versuchte, sich aus dem Staub zu machen. Wunderbar, er hatte das Spiel begriffen! Denn seine hektischen Flügelschläge gaben mir wiederum Anlass, hinterher zu sprinten. Mittlerweile waren auch seine Verwandten da, alle hüpften und flatterten wie wild auf und nieder und die Party war in vollem Gange.

Ich wollte zwar keiner dieser lustigen Gestalten was antun, aber die sprangen echt hektisch rum und klar wollte ich die dann fangen. Fressen allerdings nicht. Wozu auch? Frauchen präsentiert mir zweimal täglich ein perfektes Mahl mit allem, was mein Herz begehrt. Da werd ich mir nicht die Mühe machen, diese fedrigen Dinger zu filetieren. Nö, es machte einfach nur echt Laune, die ein wenig rumzuscheuchen.

Nach einiger Zeit war ich allerdings ziemlich k. o. und versuchte mich irgendwie zu orientieren, als ich plötzlich Menschen reden hörte. Ups, ich war ja mit Frauchen hergekommen, das hatte ich ganz vergessen. Abgehetzt lief ich ihr entgegen, doch ihr Blick verhieß nichts Gutes. Ziemlich ruppig hob sie mich hoch, sagte noch was zu Herrchen und stieg mit mir ins Auto, wo ich mich im Fußraum verkroch und sofort eindöste. Daheim angekommen, schaffte ich es gerade noch bis zu meinem Körbchen, in das ich völlig ausgepowert reinkippte.

Doch gerade als ich in meinen Träumen gleich noch mal ein paar von den riesigen Vögeln ein wenig Dampf unterm Gefieder machen konnte, rief Herrchen mich, um mir ein fettes Kauteil zu geben. Ich war aber viel zu kaputt, um mich dem Ding zu widmen. Und satt war ich ja auch noch von meiner letzten Ration aus dem Napf. Also schloss ich wieder die Augen, um zu dem Federvieh im Land meiner Träume zurückzukehren und die Kollegen dort weiter rumzuscheuchen.

Denn: Wer nicht jagt, der nicht gewinnt!

KAPITEL 2
DER EIERTANZ UM DOMINANZ

DORIS, 5. OKTOBER

Eigentlich hatte ich mit dem Besuch in einer Hundeschule auf etwas Entspannung gehofft, aber ich bin heute fast genauso kaputt wie nach dem Fasanen-Gau von gestern – insgesamt war das nämlich ganz schön anstrengend.

Dabei war ich voller Tatendrang, denn Benji zeigte mir schon auf der Fahrt, dass Veränderung dringend nötig war. Durchs Autofenster hatte er einen anderen Hund gesehen und bellte sich so sehr die Seele aus dem Leib, dass mir nichts anderes übrig blieb, als das Telefonat mit meinem Vater vorzeitig abzubrechen. Was der nach dem Gespräch von sich geben würde, weil er mir nicht in Ruhe von seiner gestrigen Fernsehsendung und seiner Verdauung erzählen konnte, war nicht schwer zu erraten: dasselbe, das er über die Jungs ständig lästert, die ich ja seiner Meinung nach ebenfalls nicht im Griff habe. Vor allem nicht Max, den Zappelphilipp.

Klar ist Max anstrengend, aber was mich ärgert, ist, dass dann immer in der Mehrzahl gesprochen und Smartie auch als unerzogen bezeichnet wird, obwohl der für sein Alter schon relativ reif ist und mit seinem aufgedrehten Bruder wirklich eine Engelsgeduld hat. Oder sagen wir mal: bis vor Kurzem gehabt hat. Denn seit einigen Monaten liegen sich die beiden ständig in den Haaren. Smartie hat diesen Sommer sogar mal gedroht, er würde von daheim wegrennen, wenn nicht bald mal jemand in Max' Oberstübchen an einigen Rädchen drehen und ihn auf »normal« einstellen würde.

Auch deshalb hatte ich gehofft, dass ein Vierbeiner da ein bisschen Erleichterung schaffen würde, denn dann muss man nicht immer was mit dem Bruder unternehmen, sondern kann sich auch mit dem Hund beschäftigen. Quasi mit einem vierbeinigen Kumpel. Aber irgendwie ist diese Rechnung nicht aufgegangen, denn meistens vereinnahmt Max unseren neuen Familienzuwachs.

Ständig ist er mit ihm im Haus oder Garten unterwegs, und ich muss sagen, dass er echt viel Feingefühl für unseren Vierbeiner hat. Außerdem ist Max, der bei sich selbst so überhaupt nichts von Regeln hält, bei Benji interessanterweise extrem konsequent. Da weiß er offenbar genau, dass liebevolle Strenge doch einen Sinn hat. Auf jeden Fall »funktioniert« der Hund bei ihm noch hundertmal besser als bei Harald. Dabei hat mir Katja vor ein paar Tagen erzählt, dass nur Erwachsene Hunde erziehen können. Hunde würden nämlich einerseits schon am Geruch erkennen, dass Kinder noch nicht geschlechtsreif sind und daher für die »Führung eines Rudels« nicht infrage kommen. Andererseits beobachten sie uns auch den ganzen Tag und sehen, dass Kinder unter der Fuchtel der Eltern stehen.

Aber Max scheint hier – wie bei so vielem im Leben – eine Ausnahme zu sein. Vielleicht wäre er heute besser mit in die Hundeschule gekommen, dann hätte er den dauerkläffenden Benji möglicherweise zur Räson bringen können. Wenn sich an der ständigen Bellerei unseres Vierbeiners nicht bald etwas ändert, werde ich in Zukunft nur noch mit Gehörschutz Auto fahren, denn lange macht das mein Trommelfell nicht mehr mit.

Keinen Tag zu früh hier, dachte ich mir also bei der Ankunft am Hundeplatz, fühlte mich allerdings ein wenig unwohl und beobachtet, als ich das Gelände mit einem lautstark bellenden und an der Leine zerrenden Benji betrat. In einer Hundertstelsekunde hatte der natürlich die anderen Hunde vor Ort wahrgenommen und gebärdete sich nun wie der Hund von Baskerville.

Ich versuchte dennoch, souverän zu bleiben und sah mich nach jemandem um, der aussah, als würde er sich hier auskennen und mir sagen können, wo man sich anmeldet. Da mich die meisten anderen Menschen auf dem Platz entweder kritisch beäugten oder aber selbst mit ihrem Hund zu kämpfen hatten, fiel meine Wahl auf einen Herrn mit Bierbauch in einer Multifunktionsweste mit Vereinslogo. Kurz tauchten vor meinem geistigen Auge die Jäger von vorgestern auf, doch ehe ich darüber nachdenken konnte, verschlug das laute »Uschiiii«, das auf meine Frage nach der Anmeldung folgte, nicht nur mir die Sprache, sondern erstaunlicherweise auch Benji.

Eine Minute später marschierte eine stämmige rothaarige Dame auf uns zu, die sich nach einem kurzen »Hallo« in meine Richtung mit den Worten »Das Halsband sitzt falsch rum!« über Benji beugte, woraufhin der plötzlich das erste Mal in seinem Leben auch einen Menschen ordentlich anbellte.

soisserbrav.com/begruessung

Dass sich Uschis Augenbrauen wegen Benjis Bellen merklich hoben, war mir nicht entgangen. Es stand ihr richtig ins Gesicht geschrieben, dass sie genau wie die Jäger bei Benji einen fehlenden

»Grundgehorsam« ortete. *Nun ja, ich ja eigentlich auch, denn sonst wäre ich nicht hier,* dachte ich. Als sie mir dann aber erklärte, dass sie mir ohnehin zu einem Kettengliederhalsband raten würde, zuckte ich richtig zusammen. Denn ich wollte Benji nicht mit Gewalt dazu bringen, gefügig zu werden.

Mit dem Prüfungsstress der Jungs habe ich schon genug um die Ohren, da ist die Vorstellung von stundenlangen Sitz-Platz-Übungen oder Ähnlichem mit unserem Energiebündel nicht gerade prickelnd. Und ein Kettengliederhalsband schien mir im ersten Moment ebenfalls sehr ungemütlich, wenngleich es genau zum Outfit von Uschis Mann und der ganzen Stimmung auf diesem Hundeplatz passte.

Nun gut, ich war hier, um etwas zu verändern, und dazu gehört es manchmal eben auch, die Komfortzone zu verlassen.

Um Punkt 11:00 Uhr war es dann so weit und ich fand mich mit neun anderen halbstarken Hunden und deren Haltern auf dem Platz ein. Uschi, die offenbar nicht nur die Leitung der Hundeschule, sondern auch das Kommando bei Welpen- und Junghundegruppen hatte, stellte sich in ihrer Camouflage-Trainingsweste und mit Megafon vor uns auf und fragte in einem Ton, der kein »Nein« zuließ und die Sinnhaftigkeit des Megafons infrage stellte, ob denn auch alle ihr »Spieli« und viele kleine Wurststückchen dabeihätten. Da ich dazu bei unserem Telefonat bereits angehalten worden war, fühlte ich mich perfekt vorbereitet und startklar für Benji 2.0.

Die Teilnehmer der Gruppe mussten nun, dem Ruf des Megafons folgend, quadratische Runden um Uschi patrouillieren, dabei Wurststückchen vor die Nase ihres Hundes halten und immer wieder laut »Fuß« sagen, wobei der Hund ausschließlich links zu gehen hatte. Da sich mir der Sinn des verpflichtenden Linkslauf-Gebotes nicht erschloss, fragte ich vorsichtig nach.

Uschi erklärte, dass bei der Begleithundeprüfung nur die linke Seite gestattet sei. Die strenge Seitenordnung stamme aus der Jagdhundeausbildung, da Jäger in aller Regel ihr Gewehr rechts tragen und dort dann auch schießen können, ohne dass der Hund stört.

Dass ich weder vorhatte, besagte Prüfung zu absolvieren, noch mit Benji unseren nächsten Sonntagsbraten zu erjagen, behielt ich lieber für mich.

Unserem Vierbeiner schien es jedenfalls egal zu sein, auf welcher Seite er den Wurststücken hinterherlief. Binnen Minuten entwickelte er sich zum Musterschüler und piaffierte wie ein Dressurhengst über den Platz, von Bellattacken gegenüber anderen Hunden keine Spur mehr. Sein Blick war so steif auf meinen Leckerlibeutel fixiert, dass ich Sorge hatte, seine Halswirbelsäule könnte mittelfristig Schaden nehmen. Nach der vierten Runde strich ich geistig schon mal Benjis Abendessen, denn der schaufelte gerade die Kalorien für die ganze nächste Woche in sich hinein.

Plötzlich brach ein Mischling aus der defilierenden Kolonne aus, der entweder bereits zu viel gefrühstückt oder dessen Frauchen nicht genug Wurststücke eingepackt hatte. Jedenfalls hatte Flummi – sein Name war Programm – offenbar genug vom Bei-Fuß-Gehen, war wie Houdini im Rückwärtsgang aus seinem Halsband geschlüpft und jagte einer Krähe nach, die liegengebliebene Leckerlis aufpicken wollte. Sofort stieg mein Trauma von vorgestern wieder in mir hoch.

»Genau das passiert, wenn das Halsband falsch rum sitzt!«, donnerte es über den Platz.

Da ich immer noch nicht verstanden hatte, wo genau das Problem mit dem Halsband war, hoffte ich, dass Benji nicht auf dieselbe dumme Idee wie Flummi kommen würde.

»Im Junghundealter muss mit der Unterordnung begonnen werden. Sie ist wichtig, damit euch der Hund als Alphatier akzeptiert. Das ist besonders in der Pubertät von großer Bedeutung, da hauen sie gerne mal ab und sägen an eurem Stuhl«, erklärte Uschi mit warnender Stimme.

Spätestens jetzt begann ich ihre Kompetenz ein wenig infrage zu stellen, da ich erst kürzlich in einem sehr interessanten Artikel gelesen hatte, dass der Dominanzmythos bei Hunden eine längst überholte Theorie ist und Hunde nicht stetig danach streben, die

Nummer 1 zu sein. Alles Gerede von Alpha-Hunden und dem ständigen Drang nach der Rudelführerschaft sei eine irrige Anschauung.

Der Artikel brachte auch einen passenden Vergleich aus der Menschenwelt: Es sei ja auch nicht jede Bürokraft automatisch darauf aus, den Chefsessel zu übernehmen, ständig mit dem Boss zu diskutieren und sämtliche Entscheidungen zu treffen, die eigentlich demjenigen vorbehalten sind, der auch tatsächlich die Verantwortung trägt. Im Gegenteil gehe es Hunden wie Menschen nur darum, eine klare Aufgabenverteilung zu erkennen, sich in festen Strukturen zu wissen und jemanden zu haben, an dem sie sich orientieren können. Sich dabei permanent unterordnen zu müssen, weil irgendein Alpha etwas befiehlt, fördere nicht gerade das Betriebsklima. Hatte einleuchtend geklungen.

Was Uschi wohl sagen würde, wenn ich das vor der versammelten Gruppe erzählen würde? Die Frage stellte ich mir natürlich rein rhetorisch, denn ich hätte es nie gewagt, Uschis Kompetenz in aller Öffentlichkeit in Zweifel zu ziehen. Auch der Besitzer eines weniger kooperativen Beagles hatte offenbar gehörigen Respekt vor Uschis Autorität und wollte sich keine Abmahnung einfangen. Daher versuchte er heimlich, die Wurststücke in seinem eigenen Mund zu fixieren, damit sein Pubertier unentwegt zu ihm hochsah.

Nach weiteren sechs Runden waren die Blasen, die ich mir bei Benjis Jagdausflug geholt hatte, wund gescheuert. Zum Glück hieß es, nun würde »Sitz« trainiert. Natürlich wieder mit haufenweise Wurststücken, deren Sinn ich zwar verstand, zu denen mir eine weitere Hochrechnung aber sagte, dass theoretisch jetzt auch noch Benjis morgiges Frühstück gestrichen werden müsste. Trotzdem frohlockte ich, denn ich wusste, mein Hund würde die Übung bravourös meistern, da die Jungs und ich das »Sitz« schon erfolgreich mit ihm geübt hatten.

Meine Vorfreude sollte aber gleich einen Dämpfer bekommen, denn Uschi erklärte, dass die Handzeichen, die wir bei Benji immer verwendet hatten, bei der Übung nicht gestattet seien. Der Hund müsse bei der Prüfung auch ausschließlich auf akustische Signale gehorchen. Meine Frage, warum das so sei, wurde mit einem »Das ist nun mal so!« quittiert, und mein Vertrauen in die Richtigkeit des hier Erlernten bekam abermals einen Kratzer.

Denn genau dazu hatte ich ebenfalls erst letzte Woche gelesen, dass der wichtigste Sinn des Hundes nicht sein Geruchssinn und schon gar nicht sein Gehör sei, sondern der Sehsinn – Hunde würden untereinander vor allem visuell kommunizieren. Warum sollte man diese natürliche Gegebenheit also nicht nutzen und seine Hand zum Signalgeben einsetzen? Egal, es blieb mir nichts anderes übrig, als es ohne meine Hände zu versuchen.

Doch Benji, der in der Zwischenzeit offenbar genug gefuttert hatte und nun mal die Handzeichen gewohnt war, verstand schlicht nicht, was von ihm gefordert wurde. Mal legte er sich hin, mal bellte er mich an, mal blickte er fragend zu mir hoch – man konnte ihm förmlich ansehen, dass er nicht wusste, was ich von ihm wollte.

Als es nach einigen Minuten immer noch nicht klappen wollte, kam Uschi zu uns und erklärte mir, dass man den Hund auch mit leichtem Druck auf sein Hinterteil zu Boden führen könne. Aha, also doch die Hände einsetzen? Nein, nein, das wäre nur für den Anfang als Hilfestellung okay, aber später nicht mehr und schon gar nicht zum Signalgeben.

Mein Bauchgefühl war jetzt schon mehr als flau, ein Eindruck, der sich noch verstärkte, als die letzten 20 Minuten zum »Hundetoben« frei gegeben wurden. Da mein Selbstvertrauen in Bezug auf Benji aber doch etwas gestiegen war und ich mich versichert hatte, dass der Zaun auch wirklich keine Lücken hatte, klickte ich den Karabiner aus Benjis Halsband und freute mich, dass er nun endlich ein wenig spielen konnte.

Weit kam unser Vierbeiner allerdings nicht, denn zwei Sekunden später galoppierten der kolossale Rhodesian-Ridgeback-Rüde Vitani, gefolgt von Border Collie Finn und Beagle Emil auf uns zu. Instinktiv stellte ich mich vor Benji, aber Uschis »geübtem« Auge entging nichts und sie forderte mich auf, unseren Hund das selbst ausmachen zu lassen, da er sonst nie erwachsen werde. Ich fragte mich zwar, was dieses selbst auszumachende »Das« genau sein sollte, trat aber dennoch einen Schritt zur Seite, weil Uschi mir mit ihrer lauten No-Nonsense-Stimme einen gewissen Respekt einflößte. Aus dem Augenwinkel sah ich dabei gerade noch, dass unser Hund mittlerweile ohnehin schon den Rückwärtsgang eingelegt hatte.

Doch es war zu spät – die drei auf Krawall gebürsteten Vierbeiner hatten nun freie Bahn und so war Benji innerhalb von Sekunden in ein wildes Gebalge mit Vitani verwickelt, was der Hütehund Finn mit so lautstarkem Gebell begleitete, als ob sich zwei Schafe aus seiner Herde gelöst hätten. Und auch Emil sah sich veranlasst, kläffend mitzumischen.

»Spiel ist für Junghunde wichtig, dabei machen sie ihre Rangordnung aus und werden sozialisiert«, kommentierte Uschi das Toben der Hunde, die sich mittlerweile in eine große rollende Kugel verwandelt hatten, wie man sie aus Zeichentrickfilmen nur zu gut kennt.

soisserbrav.com/hundebegegnungen

Sehr sozial sieht das aber nicht aus, dachte ich mir, denn ich hatte inzwischen trotz Uschis 30-jähriger Hundeplatz-Expertise aufgrund der vielen bisherigen Ungereimtheiten und unbeantworteten Fragen massive Bedenken.

»›Vitani‹ ist Afrikanisch und bedeutet ›in den Krieg ziehen‹«, ließ mich dann auch noch der Besitzer des ungestümen rotbraunen Rüden wissen und ergänzte unaufgefordert: »Ridgebacks kommen aus Afrika und wurden dort für die Löwen- und Sklavenjagd gehalten.«

Na toll, dachte ich und fragte mich zum einen, was »Afrikanisch« eigentlich für eine Sprache sein sollte und zum anderen, ob sich bei Vitani gerade seine afrikanischen Sklaventreiber-Wurzeln stärker bemerkbar machten, als es Benji lieb war. »Dann packe ich unseren Hund das nächste Mal besser in Luftpolsterfolie ein«, sagte ich scherzhaft.

Doch gerade als der Ridgeback-Halter etwas Unfreundliches entgegnen wollte, verloren die drei Rüpel Gott sei Dank das Interesse. Sie hatten eine schicke Pudeldame entdeckt, die sich auf der Wiese wälzte und ich nahm die Verschnaufpause zum Anlass, mit Benji zum Auto zu flüchten. Uschi rief ich zu, wir würden uns dann nächsten Samstag sehen, fragte mich aber zu dem Zeitpunkt schon, ob ich das Benji und mir noch mal antun sollte.

Irgendwie erinnerten mich die Methoden in Uschis Hundeschule und das Beharren auf einem Kettengliederhalsband ein wenig an Haralds Kollegen Michael, der seinen Hund hauptsächlich mit seinen legendären Stachelhalsbändern gefügig machte. Kaum zog der Hund ein wenig an der Leine, gruben sich die scharfen Zacken an der Innenseite des Halsbandes in die Kehle des Vierbeiners, was diesen natürlich veranlasste, den Zug kurzfristig zu reduzieren. Sein Halter brüstete sich dann damit, dass der Hund bedingungslos folgte und er nicht mal Worte dafür bräuchte.

Als er sich für das Halsband immer mehr Kritik und Schmach einhandelte, wechselte er auf ein Kettenglieder-Zughalsband, das auf den ersten Blick nicht gleich als »Folterwerkzeug« zu erkennen ist. Ist es aber. Denn Michael ruckte wegen jeder Kleinigkeit an der Leine, wodurch sich das Halsband enger um die Kehle des Hundes schnürte.

Ich dachte mir immer, dass ich zu gerne mal sehen würde, wie Michael mit einer solchen Schlinge um den Hals aussehen und welche Laute er von sich geben würde, wenn seine Frau da ständig dran ruckelt. Noch dazu bei ihm, der so behaart ist, dass ihm die

Brustwolle bis hinauf zum Hals wächst. Jeder abrupte Zug an der Leine hätte das Band zugezogen und ihm büschelweise Haare in den Kettengliedern eingezwickt. Bei einem Hund ist das nicht anders, denn auch wenn die Teile verchromt sind, verfangen sich bei jedem Ziehen hunderte Fellhaare darin und werden teilweise ausgerissen, während das Tier auch noch an einer ganz sensiblen Stelle gewürgt wird.

Es ist eine Schande, dass von diesen Hardlinern nicht mehr auf das Wohl der Tiere geachtet wird. Anstatt dass sich Menschen wie Michael mit dem Verhalten des Hundes beschäftigen und sich überlegen, wie sie erreichen können, dass der Hund freiwillig kooperiert, versuchen sie, mit grober Gewalt zum Erfolg zu kommen. Nicht nur, dass dem Tier dabei so viel Leid geschieht, auch die Methode selbst ist höchst fragwürdig. Denn der Hund wird nicht für erwünschtes Verhalten belohnt, sondern muss über Bestrafungen, deren Sinn er zunächst gar nicht erfassen kann, herausfinden, was er zu unterlassen hat, um der Strafe zu entgehen.

Das wäre ja genau so, als ob ich meinem Kind jedes Mal eine scheuere, wenn es vom Tisch aufsteht, anstatt ihm zu erklären, dass es sitzen bleiben soll und es dafür später eventuell ein Eis gibt. Klar kann man einem Hund nichts erklären, aber mit positiven Verstärkern wie Leckerchen, Streicheleinheiten oder Spielen kann man den Vierbeiner auf für ihn angenehme Art und Weise dazu bringen, das zu tun, was man sich von ihm wünscht. Und wenn man es nicht schafft, das alleine hinzubekommen, muss man sich eben Hilfe von einem Trainer holen. Oder in einer Hundeschule. Aber vielleicht besser nicht in so einer, wie ich heute war.

Denn wie alltagstauglich und umsetzbar das bei Uschi »Erlernte« war, zeigte sich am Abend. Zu Hause angekommen kippte Benji wie am Vortag nämlich zunächst mal vor Erschöpfung um. *Hauptsache ausgepowert,* dachte ich, fragte mich aber, was vom Thema »Grundgehorsam« bei Benji nun wohl hängengeblieben war. Im Kreis war er ja immerhin brav marschiert und auch bei »Sitz« versuchte er zumindest irgendwie zu kooperieren.

Die Antwort auf meine Frage bekam ich dann bei der letzten Pipirunde am Abend, als Benji seinen Erzfeind Balou vorbeilaufen sah. Keine Spur mehr von der guten Leinenführigkeit von heute Morgen, keine Reaktion mehr auf meine Ansprache.

Conan war zurück und ich wieder verzweifelt.

BENJI, 4. OKTOBER

Alter Falter, heute hätte ich neben einigen Haaren auch noch fast meinen Stolz verloren.

Mein Vertrauen in Frauchen hat allerdings tatsächlich gehörig Kratzer abbekommen. Dabei fing alles so gut an. Da wir nach unserer morgendlichen Pipirunde mit dem Auto losfuhren, war ich mega aufgeregt, denn es ist immer echt spannend, was mich erwartet, wenn sich die Wagentür dann endlich öffnet und ich rausspringen darf.

Das ist oft so, seit ich bei Herrchen und Frauchen lebe: Immer wieder geht's irgendwo rein, nach einiger Zeit wieder raus und nie weiß ich, was ich da zu sehen bekommen werde. Am lustigsten sind die Boxen, die im Haus hoch- und runterfahren. Da gehst du bei einer Tür rein und kaum hast du dir dreimal über die Schnauze geleckt oder kurz mal an anderen Menschen in der Box hochgeguckt, kommst du ganz woanders wieder raus. Das soll mal einer verstehen.

Weil ich heute durchs Fenster größtenteils Wiesen und Bäume sah, war wohl ich der Grund und Mittelpunkt des Ausflugs. Geilo, das würde garantiert länger als unsere übliche Gassirunde dauern. Als ich dann aber beim Aussteigen schon jede Menge andere Hunde sah, war ich gleich mehr als unentspannt. Besser, die alle direkt mal abchecken, denn einige von ihnen, insbesondere so ein schwarz-weißer Prolet, fixierten mich richtig.

Doch statt mich loszumachen, damit ich sofort mal eine klare Ansage machen konnte, zwang mich Frauchen, gefesselt an diese blöde Leine, durch das Spalier an doof glotzenden Kollegen zu gehen. Ich versuchte zwar, mich zusammenzureißen, konnte aber schon nach ein paar Schritten meinen Frust nicht länger verbergen und schnauzte sie alle mal pro forma an.

Als dann noch eine fremde Frau schnurstracks auf mich zukam, sich drohend über mich beugte und keine meiner Unmutsgesten verstehen wollte, war meine Geduld am Ende und ich versuchte, ihr bellend klarzumachen, dass sie mich in Ruhe lassen sollte. Ich hatte ihr doch eindeutig signalisiert, dass sie mir Angst machte: Ich war ihrem Blick ausgewichen, hatte meine Ohren zurückgenommen, geblinzelt und mir vor lauter Unsicherheit auch mehrmals über die Schnauze geleckt, aber sie wollte nicht verstehen. Was blieb mir also anderes übrig, als ihr meine Abneigung gegen so viel Nähe noch deutlicher zeigen?

Gott sei Dank redete Frauchen nur kurz mit ihr und los ging's zu einer großen, eingezäunten Wiese, wo noch andere Menschen mit ihren Hunden waren. Begeistert war ich zwar nicht, aber in der Zwischenzeit hatte ich mich ein wenig beruhigt und zumindest waren die Kollegen ebenfalls alle angeleint und ließen mich in Frieden. Schließlich riss ich mich auch zusammen, denn aus Frauchens Hüfttasche strömte ein verheißungsvoller Duft.

Nach kurzer Zeit marschierte allerdings schon wieder die Frau, die sich vorher über mich gebeugt hatte, auf uns alle zu. Diesmal kam sie mir Gott sei Dank nicht zu nahe, sondern zeigte uns sogar ein interessantes Spiel: Frauchen hielt mir dabei im Sekundentakt immer ein neues Stückchen Wurst vor die Nase, das ich genüsslich, eins nach dem anderen, verdrückte. Wie ich zu diesem Glück kam, war mir zwar nicht klar, ich hinterfragte es aber auch nicht. Ich hoffte einfach, dass es noch lange so weitergehen würde, obwohl mir mit der Zeit ein bisschen schwindlig wurde, da ich vor lauter Gieren und Runden-Laufen langsam das Gleichgewicht verlor.

Bald jedoch waren wir mit den Kreisen fertig und es kam was Neues – das ich aber nicht so richtig kapierte. Frauchen redete ständig was, das ich nicht verstand. Ich war komplett verwirrt, denn normalerweise zeigt sie mir auch mit ihrer Hand an, was ich machen soll. Aber heute hielt sie ihre Hände komplett still und ich bildete mir ein, ihre Aufforderungen wurden immer lauter.

Als die Halsbandprüferin dann mein Hinterteil zu Boden führte, klickte es bei mir. Aha, darauf hatten sie alle gewartet. *Na gut, wenn's weiter nichts ist,* dachte ich mir und setzte mich, sobald Frauchen Laut gab – was Frauchen sofort einen Hauch von Erleichterung ins Gesicht und mir weitere Wurststücke ins Maul zauberte.

Das hätte mir Frauchen doch gleich signalisieren können, dann hätte sie sich den ganzen Stress und mir die Nähe der komischen Alten erspart. Nun, irgendwann war auch das vorbei (oder die Wurst alle?), die Halsband-Frau sagte wieder was und alle Menschen, so auch Frauchen, machten die Leinen von ihren Hunden ab.

Da passierte es: Drei dieser Prolls schienen nur auf diesen Augenblick gewartet zu haben und kamen ungebremst auf mich zu gerannt. Und obwohl ich immer meinen Mann stehen will, war ich von dieser Situation so überrascht – und dann auch überrollt! –, dass ich mich schnell hinter Frauchen versteckte. Dass auf die aber kein Verlass war, wurde mir klar, als sie einen Schritt zur Seite machte und diesen Typen die Bahn freigab, sodass einer von denen sich auf mich werfen konnte. Ich habe keine Ahnung, was in Frauchen gefahren ist, aber eins ist klar: Ab sofort muss ich solche Angelegenheiten selbst regeln!

Damit begann ich auch gleich, als ich bei meiner Abend-Patrouille im Augenwinkel diesen Flegel aus der Nachbarschaft vorbeiziehen sah. Frauchen hatte heute schließlich eindeutig bewiesen, dass das Sicherheitsthema besser mir vorbehalten bleibt. Erst die Alte, die uns viel zu nahegekommen war und mich bedrohte, und dann diese Pöbelei mit den drei Halbstarken. Ich erachte es also als meine Pflicht, ab jetzt das Kommando an der Front zu übernehmen.

Over and out.

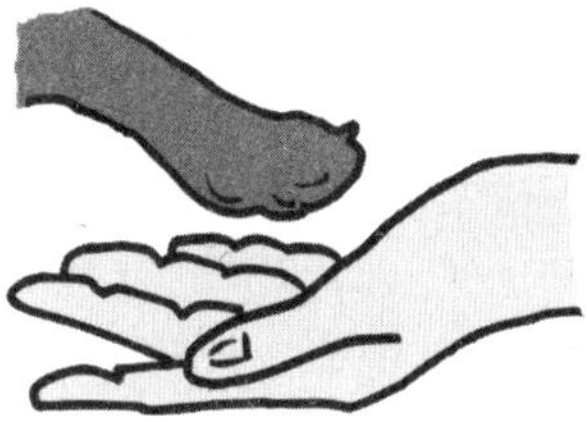

KAPITEL 3
DIE HOFFNUNG STIRBT ZULETZT

DORIS, 6. OKTOBER

»So schlimm wie jetzt war's noch nie!«, jammerte ich Katja an, als ich sie mit ihrer süßen Ellie bei der heutigen Morgenrunde traf. Gott sei Dank waren ihre kleine Hündin und Benji von Anfang an dicke Freunde gewesen, denn wenn ich Katja nicht hätte, wüsste ich nicht, wohin mit unserem Vierbeiner, wenn wir doch mal einen Hundesitter brauchen.

Was für ein Segen, dass sie nur ein paar Häuser weiter wohnt und ein wirklich riesiges Herz für Tiere hat. Auch die Gespräche mit ihr sind immer sehr erhellend, denn sie hat durch ihr Veterinärmedizinstudium und ihre vielen Gasthunde echt schon jede Menge Wissen und Erfahrung für ihr junges Alter.

»Ich würde da nicht mehr hingehen«, sagte sie, als ich ihr von einigen der gestrigen Erlebnisse berichtete. »Das Einzige, was Benji dort gelernt hat, ist, dir in einem Tauschgeschäft 148 Stücke Wurst aus der Tasche zu ziehen und mit Leckerli vor der Nase Dressurpferd aus der Spanischen Hofreitschule zu spielen. Und die Rüpelgruppe am Ende hat ihm nur gezeigt, dass Angriff die beste Verteidigung ist.

Schütze deinen Hund ruhig, wenn es dein Bauchgefühl sagt! Deine Kinder würdest du Konflikte mit deutlich älteren Teenagern ja auch nicht ›schon selbst regeln lassen‹, oder? Und was, bitte, sollen die Vierbeiner denn ausmachen? Welche Rangordnung soll denn unter fremden Hunden herrschen? Die gibt es nur im eigenen Rudel und auch da ist sie längst nicht so starr, wie das oft behauptet wird.«

Mit jeder Episode, die ich Katja erzählte, geriet sie mehr in Rage, weil sie wieder einmal bestätigt bekam, dass sich viele der verstaubten Theorien über Hundeerziehung aus den 70er-Jahren nach wie vor hartnäckig halten und es offenbar immer noch eine Menge sogenannte Hundetrainer gibt, die seit 30 oder 40 Jahren dasselbe erzählen, ohne diese Inhalte zu hinterfragen. Und eine dieser längst überholten Theorien sei eben, dass Hunde bei Balgereien nur »spielen« würden. In Wahrheit gebe es aber unter einander fremden erwachsenen Hunden nur sehr selten Spielverhalten.

Da ich offenbar verwundert dreinsah, weil auch ich Getobe und Nachlaufen bei Hunden immer als Spiel interpretiert hatte, erklärte Katja mir, dass ich ja auch nicht mit Karten in den Park gehe, um Fremde zu einer Runde Skat oder Poker aufzufordern. Spielen sei etwas, das junge Hunde tun, um für den Ernstfall und das Leben zu üben. Genauso wie Menschenkinder zum Beispiel mit dem Kaufmannsladen oder mit Puppen spielen, um sich auf das Erwachsensein vorzubereiten. Unter Erwachsenen gebe es nur mit Freunden gelöstes Spiel – bei Menschen wie bei Hunden.

Als Katja merkte, dass ihre Erklärungen für mich nachvollziehbar waren, beruhigte sie sich und gab mir die Telefonnummer einer Hundetrainerin. Da ich nach dem Kursbesuch gestern Vormittag ohnehin nicht mehr in die Hundeschule wollte und auch Katja meine Zweifel bestätigt hatte, beschloss ich, diese Corinna mal anzurufen. Ich hatte Glück: Ihr 15:00-Uhr-Termin war ausgefallen und so konnte ich gleich am Nachmittag mit Benji zu ihr.

Die Texte für das neue Verlagsprogramm, die ich heute eigentlich unbedingt abschicken wollte, mussten dann eben warten oder sich mein Nachtschlaf entsprechend verkürzen.

Wie soll ich nur unsere beiden Jungs, meinen Job und jetzt auch noch den Hund unter einen Hut kriegen?, fragte ich mich zum x-ten Mal, seit Benji bei uns eingezogen war.

Irgendwie muss es gehen, antwortete die Stimme in meinem Kopf. Benji jetzt noch abzugeben, war einfach keine Option mehr.

Gut, wenn ich nicht die Hälfte meiner Arbeitszeit im Homeoffice erledigen könnte, wäre an einen Hund ohnehin nicht zu denken gewesen. Denn Benji jeden Tag rund zehn Stunden alleine zu lassen, wäre schon fast ein Fall für den Tierschutz. Und die Jungs sind am Nachmittag auch viel unterwegs.

Als Corinna mir zwei Minuten später die Kosten für ein Einzeltraining nannte, musste ich zwar kurz schlucken und das Projekt »Benji« nochmals still hinterfragen. Aber mein Leidensdruck war zu groß, ich brauchte einfach die Hilfe einer Expertin. Und ich vertraute auf Katjas Empfehlung.

Schon die Ankunft gestaltete sich ganz anders als auf dem Hundeplatz gestern. Corinna begrüßte mich direkt am Auto und beobachtete das Aussteigen mit Benji bereits ganz genau, weil sie daraus offenbar schon wichtige Informationen ableitete. Trotzdem schaffte sie es, meinen Schilderungen die nötige Aufmerksamkeit zu schenken, wofür ich wirklich dankbar war. Ich war nämlich kurz vorm Heulen, da Benji auf der Fahrt *wieder* richtig Rabatz veranstaltet hatte.

Gemeinsam gingen wir dann zu ihrer Trainingswiese, wo ich Benji frei laufen lassen sollte, während ich fortfuhr, ihr mein Leid zu klagen. Mir nun endlich alles von der Seele reden zu können und jemanden zu haben, der mir mal richtig zuhörte, war eine Erleichterung. Sofort tauchte vor meinem inneren Auge das Erstgespräch mit der Psychologin auf, der ich im Sommer über Max und sein extrem anstrengendes Verhalten mein Herz ausgeschüttet hatte. Auch ihr offenes Ohr damals war schon unheimlich hilfreich gewesen. Harald ist zwar sonst ein guter Zuhörer, beim Thema Hund – und teilweise auch immer noch bei der Erziehung der Jungs – scheiden sich bei uns aber leider die Geister.

Ein wenig wunderten mich Corinnas Fragen zunächst zwar, denn ich konnte mir überhaupt nicht vorstellen, was Benjis Schlaforte zu Hause und unsere familiären Tagesabläufe mit unserem Problem zu tun haben sollten. Aber sie schien genau zu wissen, was sie tat und so beantwortete ich alles bereitwillig. Schon, dass sie es schaffte, mir aufmerksam zuzuhören und gleichzeitig zu beobachten und zu kommentieren, was Benji in der Zwischenzeit machte, löste in mir größte Bewunderung aus.

Nachdem Corinna sich ein erstes Bild von Benji gemacht hatte, erklärte sie mir einiges über Hunde und was sie »antreibt«. Denn nur wenn man wüsste, wie sein Hund »tickt«, könne man wichtige Trainingsschritte und die Notwendigkeit für Veränderungen im Verhalten dem Vierbeiner gegenüber nachvollziehen. *Kein Problem,* dachte ich, *ich harre hier auch bis Mitternacht aus, wenn sich dadurch irgendetwas bei unserem Chaosbolzen ändert.*

»Hunde werden vor allem von vier Grundmotivationen getrieben«, begann Corinna, »der territorialen, der sexuellen, der sozialen und der jagdlichen Motivation. Die meisten Verhaltensweisen sind auf einen oder mehrere dieser Grundantriebe zurückzuführen. In erster Linie gilt es zu klären, welche dieser Motivationen bei einem Hund besonders stark ausgeprägt sind. Darüber lässt sich meistens auch die Ursache für bestimmte Verhaltensweisen herausfinden und das Training so anpassen, dass Probleme auch wirklich bei der Wurzel gepackt werden können.«

Die Tatsache, dass Corinna immer wieder von »euch« und »ihr« sprach, zeigte mir, dass vor allem Harald mit in die Erziehung von Benji eingebunden werden muss. Und da kam auch schon der gefürchtete Satz: »Die ganze Familie sollte jetzt an einem Strang ziehen. Wenn nur du die Dinge, die wir besprechen, umsetzt, wird es zwar auch Verbesserungen geben. Ernst nehmen wird euer Hund aber nur den, der konsequent mit ihm umgeht.«

Ich bereute nun wirklich, Harald nicht mitgenommen zu haben. Denn von anderen lässt sich mein lieber Mann meist mehr sagen als von mir. Das merke ich vor allem bei Max und dem leidigen Thema Schule. Wenn Harald sich nämlich doch mal zum Elternsprechtag aufrafft und aus dem Mund der Lehrer hört, dass man mit unserem Jüngeren sehr klar sein muss, ist er zumindest kurzfristig beeindruckt und gibt sich entsprechende Mühe.

»Benji zeigt alle vier Motivationen verhältnismäßig stark ausgeprägt«, fuhr Corinna fort. »Erstens ist er recht territorial veranlagt. Das lässt sich unter anderem daran erkennen, dass er gleich nach dem Aussteigen aus dem Auto mit ganz präsenter Körperhaltung die Gegend gescannt und direkt am Eingangstor markiert hat. Als du ihn hier drin abgeleint hast, ist er den ganzen Zaun entlang gelaufen, hat alles genauestens abgecheckt und durch Beinheben fleißig überall seine ›Benji-Schilder‹ eingeschlagen.

Das bedeutet, dass er ein hohes Bewusstsein für den Bereich hat, in dem er lebt beziehungsweise in dem er sich gerade aufhält. Er erhebt damit auf den Flecken Erde, auf dem sich seine vier Pfoten befinden, Besitzansprüche und sieht ihn als sein ›persönliches‹ Gebiet – ein mobiles Territorium sozusagen.

Letzteres kommt bei Hunden häufiger vor, als man glauben möchte. Ich erlebe es immer wieder, dass Hunde hier am Trainingsgelände in den ersten zehn, zwanzig Minuten relativ entspannt wirken, dann aber plötzlich meinen, sie hätten sich in diesem Bereich jetzt lange genug aufgehalten, um ihn als den ihren zu betrachten. Und während in den ersten Minuten am Gelände vorbeilaufende Hunde kein Problem waren, wird plötzlich alles auf vier Beinen – oder auch auf zwei – verbellt.«

Das klang vernünftig und weckte bei mir Assoziationen von ähnlichem Verhalten bei uns Menschen. Schließlich haben wir auch Zäune um unsere Häuser oder Schlösser an unseren Türen und besetzen Liegestühle mit Handtüchern oder stellen Schilder für unsere persönlichen Parkplätze auf. Dieses Bewusstsein für eigenes Territorium könnte also die Motivation für Benjis Aggressionen gegenüber anderen Hunden sein.

»Er will damit einfach Grenzen festlegen und Bereiche für sich beanspruchen. Viele Hunde dulden auch fremde Hunde auf ›ihrem‹ Territorium, also in ihrem Umfeld, wollen den anderen davor aber erst mal unter die Lupe nehmen. Ist dieses Abchecken nicht möglich, weil der Hund beispielsweise durch eine Leine daran gehindert wird, kann aus dem Frust, nicht zu dem anderen Hund zu dürfen, durchaus Aggression entstehen.«

Da läuteten einige Glocken bei mir und ich dachte an die Situation am Hundeplatz gestern Morgen: Benji hatte erst randaliert, als er merkte, dass ich ihn nicht an die anderen Hunde ranließ.

Zur sexuellen Motivation hatte Corinna auch einiges zu berichten: »Benji ist unkastriert und befindet sich gerade mitten in der Geschlechtsreife. Da ist es natürlich naheliegend, dass auch seine sexuelle Motivation entsprechend stark ausgeprägt ist. In dieser Phase will er schon mal den Macker raushängen lassen und mit geschwollener Brust anderen Artgenossen imponieren. Das erkennt man aber nicht nur an seiner Körpersprache, sondern auch an der Tatsache, dass er ganz intensiv punktuell an vielen Grashalmen hier geschnüffelt und geleckt und die dann auch mit Urin markiert hat.«

Auch hier wurde ich gleich wieder an unsere Kinder erinnert, vor allem an Smartie, für den die Mädels seit einiger Zeit hoch interessant sind und der natürlich auch den Jungs in seinem Umfeld mit seinen täglich männlicher werdenden Körperformen zeigen will, wo der Hammer hängt. Gut, dass die Sache mit den Grashalmen und dem Markieren bei uns Menschen kein Thema ist!

»Die Aufmüpfigkeit eines anderen Rüden in Benjis definiertem Territorium birgt im Moment also doppeltes Konfliktpotenzial«, fuhr Corinna fort, »denn dann geht es nicht mehr nur um Territorialität, sondern um einen Konkurrenten, der ihm eine Hundedame streitig machen könnte.«

Während ich darüber nachdachte, dass unsere Jungs Aggression hoffentlich nie als Ventil für ihre Hormone nutzen würden, sprach Corinna die dritte der vier Motivationen an.

»Benji hat auch ein großes Bewusstsein für soziale Beziehungen, wofür die soziale Motivation verantwortlich ist. Hunde sind ja Rudeltiere und keine Einzelgänger.

An und für sich ist diese Motivationsart, die für die Bindung zum Menschen verantwortlich ist, durchaus wünschenswert. Hunde wollen uns gefallen, wollen mit uns zusammenarbeiten und wir freuen uns über ihre Zuwendung. Wenn dieser Grundantrieb aber zu stark ausgeprägt ist und obendrein noch ein paar Erziehungsfehler dazu kommen, kann er in ein Kontrollverhalten kippen. Das äußert sich zum Beispiel darin, dass sie Herrchen ständig hinterherlaufen oder niemanden mehr in die Nähe von Frauchen lassen wollen.«

Corinna hatte den Satz noch nicht zu Ende gebracht, als Benji auf sie zugerannt kam und heftig an ihr hochsprang. »Das zum Beispiel ist keine Begrüßung, sondern eine Maßregelung an mich. Benji hat verstanden, dass hier etwas im Busch ist und du nicht so sehr nach seiner Pfeife tanzt wie sonst, sondern nach meiner.

Wir stehen jetzt 20 Minuten hier, du hörst mir gespannt zu, folgst meinen Anweisungen und ignorierst ihn – das passt ihm nicht in den Kram, deshalb hat er mir jetzt einen gehörigen ›Nackenstoß‹ verpasst. So maßregeln Hunde sich untereinander auch.«

Mir gingen immer mehr Lichter auf und ich dachte an vermeintliche Begrüßungssprünge gegen Harald und hausinterne Verfolgungen von meinem lieben Mann und mir durch unseren vierbeinigen Kontrollfreak.

Was Corinna mir zur vierten – der jagdlichen – Motivation sagen würde, war klar: »Dass Benji auch eine ausgeprägte jagdliche Motivation hat, brauch ich dir ja nach deinem Erlebnis im Sonnenblumenfeld nicht mehr zu erklären. Das sieht man hier auch noch mal gut an seinem Verhalten: Das staubsaugerartige Schnüffeln am Boden spricht für eine hohe jagdliche Passion. Er versucht hier, die herumliegenden Leckerlis aus der Welpengruppe zu orten. Futter ›klar zu machen‹ ist ja die eigentliche Motivation des Jagens, wenngleich bei unseren Haushunden im Wesentlichen nur der Spaß daran übrig geblieben ist.

Aber auch das unerwünschte Jagdverhalten lässt sich viel besser in den Griff bekommen, wenn man erstens für ausreichend Beschäftigung des Hundes sorgt, ihm zweitens beibringt, dass man Impulse kontrollieren kann, und drittens einen gut funktionierenden Rückruf trainiert. Die ersten beiden Punkte sehen wir uns heute an, mit dem Rückruf würden wir uns dann beim nächsten Termin beschäftigen.«

Na toll, sinnierte ich, *offenbar haben wir mit Benji den Jackpot geknackt, quasi ein Hunde-Lotto-Sechser mit Superzahl, denn unser Vierbeiner hat ja offenbar bei allen vier Grundantrieben zu oft »HIIIER!«gerufen. Ob wir das alles jemals in den Griff bekommen werden?*

Corinna relativierte meine Sorge über unseren »Problemhund« dann aber gleich mit der Aussage, dass das alles keine »Krankheiten« seien, sondern es sich dabei um völlig normales Hundeverhalten handle. Die einen würden manches nun mal mehr, die anderen weniger ausgeprägt zeigen. »Letztendlich liegt es an klaren Regeln, Strukturen, der richtigen Erziehung und entsprechender Beschäftigung, das alles in vernünftige Bahnen zu lenken«, ließ sie mich abschließend zu ihrer ersten Diagnose wissen.

»Und dir muss auch klar sein, dass Benji momentan im Junghundealter und nicht unähnlich unseren Teenagern ist: Die lassen zwar den coolen Checkerboy raushängen, haben aber üblicherweise kaum Selbstbewusstsein und tatsächlich Angst vor den Herausforderungen des Lebens. Begleitet man sie jedoch entsprechend, werden in aller Regel souveräne, selbstbewusste Menschen aus ihnen. Und bei Hunden ist das nicht anders. Es wird einiges an Arbeit und vor allem Konsequenz erfordern, aber ich habe das Gefühl, dass du das gut hinkriegen wirst.«

Ich freute mich zwar über Corinnas Einschätzung und ihren Optimismus, fragte mich jedoch gleichzeitig, warum gerade ich in puncto herausfordernde Erziehungsaufgabe immer zum Handkuss komme.

Nach meinen Schilderungen unseres Alltags zu Hause erklärte mir Corinna, dass Benji vor allem geistig völlig unterfordert ist. Also gab sie mir einige Beschäftigungstipps für draußen, die ihn nicht nur körperlich auspowern, sondern auch geistig fordern. »Das macht ihn gleich ein Stück weit ausgeglichener, du wirst sehen.«

soisserbrav.com/beschaeftigung

Für mich war dieser Aspekt des Hundelebens sehr überraschend, da ich immer gedacht hatte, Hunde wollen nur rennen und toben. Dass sie aber auch geistige Beschäftigung spannend finden und genauso brauchen wie körperliche Betätigung, war mir neu. »Glaub mir, wenn der junge Mann hier geistig ausgelastet ist, gehören geschredderte Schuhe und zerfetzte Zierkissen bald der Vergangenheit an. Hunde lieben geistige Herausforderungen!«

Benjis Begeisterung bei den Übungen und Spielen während des Trainings zeigte mir, dass Corinna auch hier völlig richtiglag. Ich hatte unseren Vierbeiner, außer bei seinem Jagdausflug vorgestern, noch nie so passioniert bei der Sache gesehen. Es war so schön, zu erleben, was für einen Spaß er hatte, den knifflig versteckten Ball zu suchen oder ihm dann auch mal ordentlich hinterherzuhetzen, um ihn mir im Anschluss erstaunlich brav zu apportieren. Und wenn er nicht mehr weiterwusste, schaute er fragend zu mir auf, was mir zeigte, dass er sich an mir orientierte – ein wirkliches Erfolgserlebnis!

Als ich Corinna erzählte, dass ich am Hundeplatz für die verschiedenen Grundsignale nur verbale Kommandos hatte verwenden dürfen, erklärte sie mir die Sinnlosigkeit dieses Trainings. »Warum das in den Begleithundeprüfungen so gehandhabt wird, ist mir ein Rätsel«, meinte sie, »denn Hunde kommunizieren viel mehr visuell als mit Lauten oder der Nase – wie oft vermutet wird.« Genau wie ich es gelesen hatte. Jetzt war ich froh, mit Benji von Anfang an so trainiert zu haben.

In der letzten halben Stunde gab es dann auch noch das Training zur besseren »Impulskontrolle«. Corinna erklärte mir, dass dieses Thema ein zentraler Punkt der Erziehung sei, da unser Energiebündel bisher nicht gelernt hatte, sich zu beherrschen. So kann Benji zum Beispiel nicht warten, bis die Kofferraumtür ganz aufgegangen ist, sondern drängt mit seiner Schnauze schon ungeduldig in den sich öffnenden Spalt und springt natürlich sofort aus dem Wagen, sobald die Klappe nur weit genug offen ist.

Außerdem läuft er draußen ohne Leine jedem Hund nach, der sich bewegt, rennt zu Hause wie von der Tarantel gestochen zur Tür, sobald er den kleinsten Laut hört, oder springt ungeduldig herum, wenn wir nur daran denken, mit ihm rauszugehen. All diese Dinge könne man dem Hund in seinem eigenen Interesse abgewöhnen, meinte Corinna, die mir damit erst bewusst machte, wie stressig solche Situationen nicht nur für uns, sondern auch für Benji sind.

»Ihr müsst ihm jetzt beibringen, sich zu beherrschen und die Dinge gelassener zu sehen«, erklärte sie und zeigte mir dazu ein paar Übungen wobei am wichtigsten war, den Hund vor allem dann zu belohnen, wenn er ruhig geblieben war.

soisserbrav.com/impulskontrolle

Die erste Übung betraf das richtige Verlassen des Autos. Hier sollte Benji lernen, abzuwarten und zu verstehen, dass er erst auf mein Signal herausspringen darf. Das habe zum einen Sicherheitsgründe, erklärte Corinna. »Stell dir mal vor, dein Wagen macht auf der Autobahn Mätzchen, du musst rechts ranfahren und das Pannendreieck aus dem Kofferraum holen. Was es in einer solchen Situation bedeuten würde, wenn Benji nicht eisern im Wageninneren sitzen bliebe, weil er nicht gelernt hat, erst auf dein Kommando rauszuspringen, brauch ich dir nicht erklären.«

»Und zum anderen geht es hier wieder um Kontrolle. Wenn ihr nämlich nicht gerade auf der Autobahn seid, sondern euch für einen Spaziergang eingeparkt habt, darf er ja aus dem Auto. Aber dann ist der zweite wichtige Schritt, dass er nicht sofort beginnt, die Gegend abzuscannen, sondern dass er direkt beim Auto sitzen bleibt. Dann überprüfst du mal die Umgebung – am besten durch etwas übertriebene, für ihn gut sichtbare Kopfbewegungen nach links und rechts – und dann kann's losgehen. So lernt er, dass du abcheckst, ob alles in Ordnung ist und dass er dafür nicht zuständig ist.«

Ob Benji das alles begreifen würde? Doch ich hatte unseren Vierbeiner deutlich unterschätzt, denn schon nach wenigen Versuchen wusste unsere unfolgsame Rübe, was von ihm erwartet wurde. Ich war begeistert, wie schnell er das verstanden hatte und konnte es kaum erwarten, Harald unsere Erfolge zu zeigen.

Nachdem das so reibungslos geklappt hatte, zeigte mir Corinna, wie ich Benji beibringe abzuwarten, wenn ein Ball geworfen wird und nicht schon beim Heben des Arms blindlings loszurennen.

Es dauerte wieder keine fünf Minuten und Benji wusste genau, worum es ging.

»Der Ball ist übrigens nur ein stellvertretender Reiz, der später andere Ablenkungen wie Hunde, Hasen oder vorbeilaufende Jogger ersetzen soll. Wir bringen ihm hiermit einfach auf spaßige Art und Weise bei, spannende Reize auszuhalten und nur durch Ruhe zum Erfolg zu kommen.«

Ich war auch begeistert, wie einfach Corinna Benji beim Vorzeigen der Übungen zum Sitzen brachte und zwar ohne Hand, die Druck auf sein Hinterteil ausübte, wie Uschi es mir geraten hatte.

Corinna war unglaublich geduldig und schien nur durch ihre Ruhe und Souveränität eine gewisse Autorität auf Benji auszustrahlen und ihm alleine schon dadurch zu vermitteln, dass sie den längeren Atem hatte.

Meine Bedenken, dass das alles nur hier bei ihr klappte und ich das Erlernte womöglich nicht auf unseren Alltag übertragen konnte, zerstreute Corinna schnell. Sie machte mir die Übungen zwar vor, ließ mich dann aber so lange selbst mit Benji trainieren, bis wir beide alles verinnerlicht hatten.

soisserbrav.com/sitz

Dann riet sie mir, unsere Übungen und Erfolge in einem Tagebuch zu notieren. Das hätte den Vorteil, dass man nach Wochen oder auch Monaten nachlesen könne, welchen Trainingsstand der Hund zu einem bestimmten Zeitpunkt hatte und was sich eigentlich schon verbessert hat. Gerade wenn es zu Rückschlägen oder

Stagnation im Training komme, könne man sich daran wieder aufrichten.

Zum Schluss erklärte sie mir noch etwas wirklich Spannendes in puncto Rudelordnung: Bei der Bildung einer Rangordnung achten Hunde immer darauf, wer welche Entscheidungen trifft und die anderen dadurch beeinflusst. So wird in einem Hunderudel festgelegt, wer die besten Führungsqualitäten hat. Das hat nämlich, entgegen Uschis Meinung, nichts damit zu tun, wer besonders dominant ist und sich kraftvoll durchsetzt, sondern ist vor allem eine Frage von Gelassenheit und auch Ignoranz anderen Rudelmitgliedern gegenüber.

Corinna machte mir auch bewusst, wie oft der Hund im Alltag Entscheidungen trifft und uns dadurch unterschwellig manipuliert. Hält er den Kopf schief, wird er gestreichelt, kratzt er an der Terrassentür, wird er hinausgelassen, steht er seufzend vor dem Napf, hat er bestimmt Hunger und bekommt zu fressen.

»Das sind alles Dinge, die Benji sich merkt und genau auslotet. Mit der Zeit kommt er immer mehr zu dem Schluss, durch diese vielen Entscheidungen, die er trifft, die Fäden in der Hand zu haben.«

Mir wurde klar, dass es ab sofort also darum geht, das Ruder herumzureißen und selbst der agierende Part zu sein. »Das alles hat auch große Auswirkungen auf Benjis Verhalten draußen. Wenn ihr lernt, Benjis Manipulationsversuche einfach zu ignorieren, wird er sich beim Spaziergang ebenfalls mehr an euch orientieren und euch ernster nehmen.«

Puh, unseren Fellwuschel nicht jedes Mal zu streicheln, wenn er uns mit seinen großen braunen Augen herzallerliebst ansieht, wird eine wirkliche Herausforderung für mich. Aber auch auf Bellen, Kratzen und Winseln nicht zu reagieren, fällt mir bestimmt nicht leicht.

Am schwierigsten wird es aber wahrscheinlich, all die Automatismen einzustellen: Hund zieht von A nach B und wir gehen brav hinterher, Hund legt Kopf aufs Knie und die Hand fährt schon wie von selbst zum Kraulen aus, Hund stupst mit der Nase und bekommt das Leckerchen etwas schneller etc. etc. etc. Streicheleinheiten, Leckerlis und Spiele soll es natürlich trotzdem geben, aber eben nicht, wenn Benji sie verlangt.

Für mich ergibt das alles absolut Sinn, aber ob das auch in Haralds Kopf reingehen wird?

BENJI, 6. OKTOBER

Heute stand wieder mal ein Ausflug nach irgendwohin auf dem Programm. Was für eine Aufregung das immer ist! Meistens krieg ich mich vor lauter Anspannung kaum noch ein und bell mir die Lunge aus dem Leib, um meine Energie irgendwie loszuwerden. Doch endlich war es so weit und als Frauchen die Autoklappe öffnete – warum dauert das jedes Mal so lang?! –, sprang ich aus dem Wagen, sobald mein Körper durch die Luke passte. Dann checkte ich wie immer zuerst die Gegend ab, man weiß ja nie, wer einem da über den Weg läuft. Womöglich biegt wieder so ein glotzender Typ um die Ecke. Da bleib ich lieber gleich von Anfang in Hab-Acht-Stellung.

Außer mir war da aber keiner, und so konnte ich in Ruhe die unglaublich spannend riechende Wiese inspizieren und sicherheitshalber auch mit zahlreichen Duftnoten versehen. Sollte doch ein anderer Hund vorbeikommen, sind meine mit »Benji« gekennzeichneten Markierungen nicht zu übersehen.

Die Wiese war ein Eldorado für meine Nase: Es roch nach vielen Hunden, spannenden Mädels und anderen Typen. Zwischendurch gab es Spuren von Futter, die ich natürlich fein säuberlich auflas. War ein ganz schöner Stress, Frauchen bei diesen Ablenkungen nicht aus den Augen zu verlieren.

Nach einiger Zeit war ich dann aber mit allem fertig und wollte gerade zu Frauchen zurücklaufen, als mir plötzlich eine zweite Frau auffiel, die ich vor lauter Aufregung anfangs übersehen haben musste. Hatte die mich etwa tatsächlich nicht begrüßt? Was geht mit der eigentlich? Normalerweise stürzen sich nämlich immer gleich alle auf mich, reden auf mich ein und streicheln mich – so wie sich das eben gehört. Nicht so diese Dame! Und was laberte die die ganze Zeit mein Frauchen voll? Ich war gar nicht gewohnt, so lange ignoriert zu werden.

Bevor ich also in Vergessenheit geriet, machte ich mich bei Madame bemerkbar und verpasste ihr mit einem saftigen Sprung einen Rempler im Schulterbereich. Nicht grüßen und dann auch noch mein Frauchen in Beschlag nehmen – sicher nicht bei Big Boss Benji! Allerdings blieb sie völlig unbeeindruckt von meinem Rüffel und ignorierte mich weiterhin.

Tja, das musste ich erst mal verdauen ...

Viel Zeit darüber nachzudenken hatte ich aber ohnehin nicht, denn schon kurz darauf zauberte sie meinen Lieblingsball hervor. Da jeder eine zweite Chance verdient, ließ ich mich auf ein Spielchen mit ihr ein, das allerdings wirklich richtig Spaß machte: Ich durfte Futter erschnüffeln bis zum Umfallen, meinen Ball suchen und finden und zwischendurch konnte ich dem Teil auch mal so richtig hinterherhetzen, wenn sie es warf. Allerdings musste ich mit dem Losrennen warten, bis ich das Signal dafür bekommen hatte.

Frauchen war auch wieder im Boot und schaute zuerst begeistert zu, bis sie schließlich ebenfalls in das Spiel eingeweiht wurde. *Das könnte ich jeden Tag so haben,* dachte ich und genoss jede Minute. Bald war ich aber ganz schön k. o. und echt froh, dass als Nächstes eine ruhigere Übung dran war. Scheinbar meisterte ich die so gut, dass ich massig Leckerchen dafür abstaubte.

So lässt sich's arbeiten, dachte ich, während Frauchen zeigte, dass sie's genauso drauf hat wie Mrs. Den-ignorier-ich-mal. Geschafft ging es nach dieser Party dann auch schon wieder ab nach Hause – vermute ich zumindest, da ich diesmal die Heimfahrt tief schlafend im Kofferraum verbrachte.

What a Day for a Daydream ...

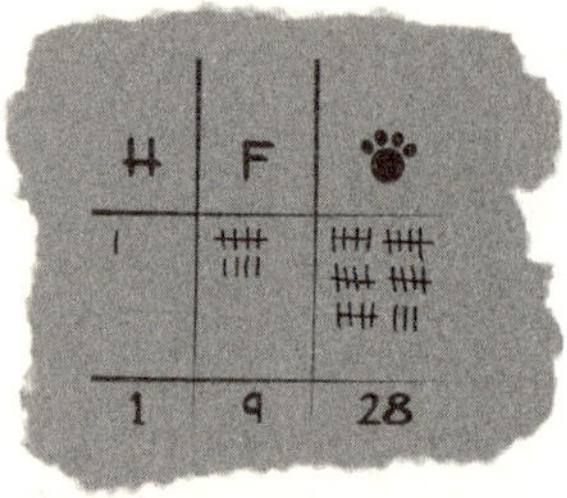

KAPITEL 4
WILLST DU GELTEN, MACH DICH SELTEN!

BENJI, 28. OKTOBER

Yesss! Heute war ein echt cooler Tag. Hab wieder mal so richtig mit Herrchen aufgedreht und dabei fett Striche in meiner lückenlos geführten Liste gesammelt. Ja genau, ich hab eine Liste, und ja, sie wird sehr sorgfältig geführt. Klar liegen weder Schreibblock noch Stift in meinem Körbchen, aber ich hab sie genau vor Augen: eine Spalte für mich, eine für Frauchen und eine für Herrchen. Und für jede noch so kleine Entscheidung kriegt derjenige einen Strich in seiner Spalte, der sie getroffen hat – die Kids laufen übrigens außer Konkurrenz, die nehm ich noch nicht ganz für voll.

Und ja, *jede* Entscheidung wird notiert, auch wenn Herrchen meistens gar nicht merkt, dass *ich* sie getroffen habe. Da geht's im Übrigen nicht nur um abgestaubte Leckerlis oder Ohren auf

Durchzug stellen, wenn ich gerufen werde. Für mich zählen auch Dinge wie kurz mal anstupsen und dafür einen Streichler kassieren, den Kopf schief halten und sofort einen Platz auf dem Sofa zu ergattern oder mit einem kleinen Seufzer irgendjemandes Aufmerksamkeit zu erregen. Tja, und am Abend beim Zusammenzählen zeigt sich dann jeden Tag aufs Neue, wer im Familien-Rudel die Schnauze vorn beziehungsweise die Hosen anhat.

Das mache ich allerdings nicht, weil ich einer von diesen pingeligen Erbsenzählern bin, sondern weil ich wissen muss, wer wobei das Sagen hat und wer weiß, wo's langgeht, wenn's drauf ankommt. Eins steht schon mal fest: Herrchen scheidet im Rennen um diese Position mit Sicherheit aus. Alleine, dass ich es schaffe, ihn beim Nachhausekommen jeden Tag fast aus den Latschen zu kippen, zeigt doch eindeutig, wer hier der qualifiziertere Türsteher ist ...

Frauchen hat heute wieder mal sehr gut abgeschnitten und viele Striche gesammelt, das ist aber auch völlig in Ordnung für mich. Ehrlich gesagt, es ist mir sogar lieber so. Dann weiß ich wenigstens, wer hier fähig ist, unser Rudel zu führen und im Ernstfall übernimmt.

Eine komische Angewohnheit von Herrchen ist es übrigens auch, mich unentwegt mit denselben komischen Lauten wie Frauchen zu überhäufen. Leider kann ich nichts davon verstehen, aber im Grunde ist es mir auch völlig egal, solange ich eins bekomme: Herrchens ungeteilte Aufmerksamkeit.

Die entzog er mir dann allerdings – wenn auch unbeabsichtigt – nach einer herrlichen Rangelei, gleich nachdem er zur Tür hereingekommen war. Da huschte er nämlich einfach nach oben. Na gut, sagen wir ein halber Strich für ihn in seiner Spalte der Liste. Einen Ausflug ins Obergeschoss ließ ich mir aber ohnehin nicht entgehen. Erstens, weil beim Umziehen immer wieder mal ein vergessener Keks in seiner Tasche auftaucht, der auch garantiert den richtigen Weg in mein Maul findet.

So isser brav ... Strich!

Zweitens ist es mir wichtig, Herrchen da oben nicht ganz allein zu lassen. Manchmal ist es dort dunkel und man hört komische

Geräusche vom Dachboden. Wer weiß, ob er damit alleine klarkommen würde, also bleibe ich sicherheitshalber bei ihm. Schließlich bin ich ja laut der nach oben offenen Strichlisten-Skala auch der bessere Security als er.

Wieder unten angekommen, ging Herrchen wie fast jeden Abend direkt ins Wohnzimmer. Mir schwante Übles ... oh nein ... und tatsächlich: Herrchen setzte sich wie befürchtet auf die Couch vor das komische viereckige Ding. Dieses Teil ist so eigenartig und wirklich nervig! Kaum sitzt einer meiner Menschen davor, wirkt er wie verwandelt: starr, die Augen darauf fixiert, als würden da gleich die tollsten Leckerlis rausspringen.

Dabei ist noch nie was dergleichen passiert. Nichts! Kein Keks, keine Scheibe Wurst, kein leckerer Knochen. Das einzig halbwegs Beachtenswerte, das da manchmal rauskommt, sind ein paar Beller oder Türklingelgeräusche. Da mische ich natürlich immer gleich kräftig mit – nur schlechte Sicherheitsbeamte würden so was unkommentiert lassen – und zeige mein bestes Alarmbellen.

Um nicht vollkommen in Vergessenheit zu geraten, versuchte ich, Herrchens Aufmerksamkeit zurückzugewinnen. Lange nachzudenken, wie ich das anstellen sollte, brauchte ich nicht, denn in den meisten Fällen gelingt mir das mit Trick 17. Ich legte also meinen Kopf in Herrchens Schoß und schloss die Augen. Wie immer schoss seine Hand wie auf Knopfdruck hinter mein linkes Ohr, arbeitete sich dann zum rechten weiter und ich wurde mit einer Nackenmassage im Shiatsu-Stil verwöhnt. Strich für mich!

Nach ein paar Minuten reichte es mir aber und ich wollte vom Wellnessprogramm zum Sportangebot wechseln. Also flitzte ich zu meiner Spielzeugkiste, stupste gekonnt mit meiner Nase den Deckel hoch und entschied mich spontan für Sophie, die Giraffe, – die hat mal den Jungs gehört, ist aber mit meinem Einzug hier in meinen Besitz übergegangen.

Sie quietscht so wunderbar, dass ich damit nicht nur Herrchens Blicke kriege, sondern auch seine Ohren ganz bei mir sind. Das waren übrigens wieder zwei Striche für mich, nur fürs Protokoll:

Erstens, ich hab das Spielzeug ausgesucht, und zweitens hat Herrchen natürlich sofort zu mir gesehen, als Sophie, die ich nur fest genug zu kneifen brauche, brav Laut gegeben hat.

Ab jetzt ging alles Schlag auf Schlag: Sophie auf Herrchens Schoß – Wurf – Strich, Sophie wieder auf Schoß – Wurf – Strich usw. Innerhalb von nur zwei Minuten sammelte ich ganze acht Striche, wow! Doch dann schob Herrchen Sophie, die mittlerweile zur Sabber-Sophie mutiert war, angeekelt von seinem Schoß, rollte die Augen und murmelte irgendwas Unverständliches. Ich bildete mir ein, ich hätte was mit »Schluss« verstanden.

Aber was, das kenn ich doch, der meint das ohnehin nie ernst, dachte ich und legte die triefende Giraffe erneut auf Herrchens Oberschenkel ab. Nun ja, ein wenig ernst dürfte er es doch gemeint haben, denn er schnauzte mich plötzlich richtig an, war aber gleichzeitig offenbar so sehr vom viereckigen Ding hypnotisiert, dass er gar nicht merkte, wie er doch wieder zur Giraffe griff, um sie zu werfen. Zack – Strich, wenn auch mit einem Hauch von Unmut, der den Raum nun beherrschte.

Irgendwie merkte ich, dass ich Herrchen nicht mehr recht bei Laune halten konnte. Also beendete ich das Spiel (Stri-hich!), um mir was Neues einfallen zu lassen. Doch wieder brauchte ich nicht lange nachzudenken, denn ich habe meinen Notfallplan, der einfach immer funktioniert. Ich rannte also aufgeregt zur Terrassentür und fing an zu bellen. Frauchen hatte in der Küche ohnehin irgendwelche ohrenbetäubende Maschinen an. Da gehen auch mal ein paar Extra-Beller mit ordentlich Dezibel.

Doch da sie just in dem Moment ihre Küchenmaschinen wieder abgestellt hatte, stand sie innerhalb von nur fünf Bellern im Wohnzimmer und diskutierte nun angeregt mit Herrchen. Irgendwie hatte ich das Gefühl, sie wollte ihn davon abbringen, mich in den Garten zu lassen. Kaum schwirrte sie aber wieder in Richtung Küche ab und hatte die Wohnzimmertür hinter sich geschlossen, öffnete sich eine andere Tür: die der Terrasse, da Herrchen trotz Frauchens mahnender Worte offenbar keine Lust auf noch mehr Rabatz von mir hatte.

Dass ich mir hier einen weiteren fetten Strich fürs Rauslassen gab, ist hoffentlich klar. Aber auch für Frauchen notierte ich einen in meiner Spalte, denn immerhin hatte ich es geschafft, sie von der Küche ins Wohnzimmer zu bewegen.

Die Strategie des Bellens an der Terrassentür hab ich mir übrigens schon vor einigen Wochen angeeignet. Als ich nämlich bei meiner neuen Familie ankam, ging das eine oder andere Geschäft noch daneben und das verwandelte in regelmäßigen Abständen vor allem Frauchens Stirn in tiefe Faltengebirge. Nie ein unfreundliches Wort zu mir – nicht, dass wir uns falsch verstehen. Aber Freude sieht anders aus.

Wann immer ich von da an unruhig wurde, schossen die beiden zur Terrassentür, um mich schnell in den Garten zu schicken. *Na gut,* dachte ich mir, *wenn's euch draußen lieber ist als drinnen, kein Thema.* Bald hatte ich allerdings raus, dass dieser Plan auch bestens für andere Situationen adaptierbar ist.

Wie heute. Im Garten angekommen, lief ich erst mal eine meiner geliebten Showrunden. Soll heißen: Brust heraus, Rute hoch und ab ging's mit einer Runde Galopp in Dressurpferd-Manier. Da es aber schon dunkel war und die Chance, von möglichst vielen Menschen und Hunden gesehen zu werden, relativ gering war, setzte ich einen drauf und ließ ein paar kräftige Beller vom Stapel.

Wie auf Knopfdruck stand auch schon wieder Herrchen auf der Terrasse und gab mir mit unnötig lauter Stimme und wildem Gefuchtel – denkt er, ich bin taub *und* blind? – zu verstehen, ich solle sofort wieder ins Haus kommen. *Klappt ja perfekt wie immer!*, dachte ich und erinnerte mich zufrieden an den Tag, an dem ich festgestellt hatte, dass auch Lautäußerungen dienlich sind, die Anzahl an Strichen in meiner Spalte rapide zu erhöhen.

Eigentlich alles ganz einfach: Ich springe Herrchen an, er rangelt mit mir, ich laufe hinter ihm her, er gibt mir einen Keks, ich leg meinen Kopf auf seinen Schoß, er streichelt mich, ich stupse ihn an, er wirft Sophie, ich hab genug gespielt, ich höre auf, ich laufe zur Terrassentür, er macht auf, ich belle, er lässt mich wieder rein.

Also mal ehrlich, Herrchen hab ich da schon ganz schön was beigebracht – so ein Feiiiiner!

DORIS, 28. OKTOBER

Ach herrje, wie soll das mit unserem Rabauken nur weitergehen, wenn Harald ihn mit Liebe und Leckerlis überhäuft, anstatt ihm Sicherheit durch konsequente Erziehung zu vermitteln? Er ist in unseren Benji einfach so vernarrt, dass es ihm offenbar unendlich schwerfällt, dem Hund auch Grenzen zu setzen, so wie mir Corinna das erklärt hat und ich ja auch versucht habe, das an ihn weiterzugeben.

Im Grunde verstehe ich ihn ja, denn auch ich muss mich regelrecht zum Konsequentbleiben überwinden – das war und ist bei der Erziehung unserer Kinder nicht anders. Aber so schwer es mir auch fällt: Ich weiß, ich tue dem Hund mit Nachgeben nichts Gutes. Und gerade *weil* mir Benji so wichtig ist, bleibe ich standhaft.

Harald schafft das aber nicht. Der kleine Schlawiner wickelt ihn täglich gleich mehrmals um den Finger und Harald frisst dem Hund förmlich aus der Hand – obwohl es eigentlich umgekehrt sein sollte. Es beginnt schon mit diesem Übermaß an Streicheln und Knuddeln, sobald Benji ihn anstupst oder seinen Kopf auf seinen Schoß legt. Seit meinem Besuch bei Corinna weiß ich aber, dass das alles kleine Manipulationen sind. Benji versucht damit auszuloten, ob er es schon bei den kleinsten Entscheidungen schafft, uns zu dirigieren.

Seither geht mir das Bild nicht mehr aus dem Kopf, dass Benji wie ein Marionettenspieler an uns rumzupft, als wären wir leicht manipulierbare Püppchen. Mir ist aber auch bewusst geworden, dass er das nicht tut, weil er ständig an unserem Stuhl sägen will, sondern weil er gerade in schwierigen Situationen wissen möchte, wer die Kommandozentrale leitet: ein Fähnchen im Wind oder der Fels in der Brandung.

Wir sollten also die Dinge, die Benji einfordert, ignorieren. Witzigerweise erinnerten mich Corinnas Erklärungen oft an die Situation, als Harald und ich uns kennenlernten. Letztendlich hatte er mich damals interessiert, weil er zuerst eben kein Interesse an mir zeigte. Das hat ihn begehrenswerter und spannender gemacht. Und auch wenn ich Benji nicht erobern, sondern nur erziehen möchte, versuche ich genau das bei ihm jetzt auch.

Nicht so Harald. Wie immer begann das Tamtam mit Benji auch heute schon beim Nachhausekommen, als der Hund so laut bellte, dass er sogar den Mixer übertönte, den ich eingeschaltet hatte, um noch schnell zwischen einigen Mails und den Texten für die nächsten Buchpräsentationen den Kuchen für den morgigen Elternabend zu backen.

Dabei versuchen wir dem Hund gerade beizubringen, dass an der Tür weder wie wild gebellt noch an irgendjemandem hochgesprungen wird. Doch schon ein kurzer Blick durch die Scheibe in der Küchentür reichte, und mir war klar, dass Herrchen heute wieder mal konsequent inkonsequent war.

Denn Harald konnte es offenbar kaum erwarten und drehte den Schlüssel sogar ein wenig schneller als sonst im Schloss. Benji brachte sich in Position, zählte geistig den Countdown und schoss los – als ob das Öffnen der Tür sein Startschuss wäre. Als Herrchen herinnen war, lehnte er sich sofort mit dem Rücken an den Türrahmen, da er weiß, dass ein so fitter und vor Kraft strotzender Kerl wie Benji im Vollgalopp den Schwung einer Abrissbirne mitbringt. Wumms, einmal in die Vollen. Harald nahm es wie immer gelassen, also machte der Hund munter weiter, sprang an ihm hoch, leckte ihm mehrmals übers Gesicht und sabberte ihn voll.

Bis mein lieber Mann sich plötzlich daran zu erinnern schien, dass Benji nicht der einzige im Hause Bergmann ist, den es zu begrüßen gilt. Schnell lief er zur Küche und rief mir ein kurzes »Hallo Schatz« zu. Tja, so sieht's leider aus: drei Minuten Rangeln,

Knuddeln und Schlabbern mit dem Hund, zwei Sekunden Verbalkontakt mit mir. Das sagt unserem Vierbeiner doch einiges über seinen Stellenwert in der Familie, oder?

Wenn ich nach Hause komme und Benji mich begrüßt, weiß er seinen Bremsweg mittlerweile viel genauer zu berechnen. Als ich nach unserer Trainingseinheit bei Benjis nächstem Versuch, mich anzuspringen, völlig unerwartet einen Schritt auf ihn zumachte – und nicht wie früher immer wegdrehte –, verkalkulierte er sich mit der Sprungdistanz und landete statt in meinem Bauch auf dem Boden. Von da an war das Problem – zumindest bei mir – gelöst.

Von Corinna weiß ich ja schon, dass es sich beim Anspringen eigentlich um eine unbewusst anerzogene Respektlosigkeit handelt.

soisserbrav.com/anspringen

Hunde würden sich ja in aller Regel auch nicht mit einem Rempler in den Bauchraum begrüßen, hat sie mir damals erklärt. Weil wir Menschen das Anspringen aber anfänglich oft noch niedlich finden und als überschwängliche Begrüßung verstehen, schenken wir unseren Vierbeinern dafür jede Menge Aufmerksamkeit und verstärken so das unerwünschte Verhalten. Später finden wir das Ganze dann aber in aller Regel weniger lustig. Etwa wenn uns der geschlechtsreife Neufundländer mit seinen 60 Kilo umkegelt wie einen Bauern beim Schach.

Dabei haben Hunde laut Corinna selbst auch so etwas wie eine Individualdistanz. Und Benji hat mit dem Anbellen von Uschi, die sich am Hundeplatz über ihn beugte, eindrucksvoll gezeigt, dass er beim Unterschreiten seines Wohlfühlabstands klare Grenzen kennt.

Also können wir Menschen umgekehrt von ihm erwarten, dass auch er unsere Individualdistanz respektiert. Er muss es nur vermittelt bekommen.

Harald denkt aber nicht daran, dem Hund das Anspringen abzugewöhnen, was wirklich problematisch ist, da Benji dieses Verhalten dann auch bei allen unseren Besuchern zeigt. Wahrscheinlich will er es ihm allein schon deshalb nicht abgewöhnen, weil er glaubt, dass Anspringen der ultimative Liebesbeweis ist. Doch ich möchte mal sehen, wie er reagieren würde, wenn Smartie oder Max ihn an der Tür mit ein paar ruppigen Remplern in den Bauch begrüßen. Da gäbe es einige weniger nette und vor allem laute Worte und nicht noch ein anerkennendes Streicheln über die Haare, begleitet von einem verklärten Blick.

Auch heute hat Harald Benji getätschelt und gestreichelt, nachdem der ihn fast umgehauen hat. Vielleicht hat er ja gedacht, das ist nur eine lustig gemeinte Rangelei unter »Männern«, die dann allerdings in eine Szene ausgeartet ist, die für Klimt als Vorlage für »Der Kuss II« gepasst hätte. *Na, da bin ich mal gespannt, ob er mich auch gleich mit so viel Leidenschaft umarmt,* dachte ich mir und kehrte zum Abwasch zurück. Die Kinder aus dem Haus, der Kuchen im Backofen, eine Stunde bis zum Abendessen ... *Träum weiter,* sagte eine leise Stimme in mir und sollte recht behalten, als Harald einige Minuten später mit Benji – statt mit mir – ins Obergeschoss verschwand.

Ebenso bedenklich wie das Schenken von all der Aufmerksamkeit ist für mich die Tatsache, dass Harald ständig auf das arme Tier einredet, als verstünde es jedes Wort. Da muss ich mich allerdings teilweise selbst an der Nase nehmen; man neigt einfach dazu, seinem Hund ganze Geschichten zu erzählen, ihn mit langatmigen Erklärungen zuzutexten und manchmal sogar noch Fragen zu stellen, als hätte er darauf selbstverständlich die richtige Antwort parat.

Aber Corinna hat mir auch das nachvollziehbar erklärt: »Das ständige ›Besprechen‹ des Vierbeiners ist kontraproduktiv, weil er dadurch unter anderem auch schlechter abrufbar wird. Wenn er ununterbrochen beschallt wird, weiß er gar nicht mehr, auf welche der Laute er horchen soll und ignoriert bald alles, was aus dem Mund des Halters kommt. So können wirklich gefährliche Situationen entstehen, wie zum Beispiel im Straßenverkehr oder im Wald, wenn der Hund plötzlich einem Tier hinterherjagt und die Gefahr besteht, dass ihn ein Jäger mit Wild verwechselt.«

Das habe ich mir, vor allem aufgrund unseres waidmännischen Ausflugs, zu Herzen genommen und versuche, zu Benji nun wirklich nur noch das zu sagen, was für ihn wichtig und nötig ist.

Harald habe ich das alles natürlich ebenfalls erzählt, aber da hätte ich genauso gut in einen Plastikbeutel sprechen können. Er war zwar recht angetan von den Trainingsfortschritten, die ich ihm gezeigt habe, hätte aber selbst nicht daran gedacht, mal mit dem Hund zu üben oder irgendwas davon umzusetzen. Wie immer wurde Benji daher auch heute mit nicht enden wollenden Wortfolgen zugeschüttet ... bis Harald sich aufs Sofa setzte und den Fernseher einschaltete.

Dort folgte dann das Übliche: Hund kommt, will gekrault werden, Herrchen macht. Wenn Hund genug hat, will Hund spielen und bringt Spielzeug. Herrchen wirft – und zwar so lange, bis Hund wieder genug hat. Wenn Hund dann raus will, stellt er sich zur Terrassentür und bellt dort, bis Herrchen aufspringt und Monsieur die Terrassentür öffnet – er muss ja sicher Pipi.

Spätestens da reichte es mir allerdings, denn den Trick habe ich in der Zwischenzeit durchschaut. Ich wusste genau, dass Benji nicht wirklich rausmusste, um den Druck in der Blase zu reduzieren, schließlich waren wir eine halbe Stunde zuvor erst Gassi gewesen. Also ging ich ins Wohnzimmer, um Harald zu erklären, er solle ihn nicht rauslassen. Das sei nur eine Masche, um nach draußen zu kommen und Herrchen einmal mehr zum Reagieren statt zum Agieren zu bringen, was er ja davor bereits mehrmals geschafft hatte. Und ich weiß ja jetzt: Auch wenn ein Vierbeiner nur Streicheln und Spielen »einfordert« und damit durchkommt, sind das Entscheidungen, die *er* trifft.

Ob Harald jemals versteht, dass es für einen Hund wichtig ist, einen Menschen zu haben, an dem er sich orientieren kann, weil der das Kommando übernimmt? Ich denke nicht, denn als ich wieder in der Küche war, wurden mir zwei Dinge klar:

(1) Auch mich hatte Benji mit seinem Gebell dazu gebracht, ins Wohnzimmer zu rennen, das heißt, auch ich habe reagiert und mich von unserem Hund in einen anderen Raum zitieren lassen. Und (2) als ich Benji am Küchenfenster mit einer Körperhaltung vorbeigaloppieren sah, die sagte »Seht mal alle her, ich hab meinem Herrchen gerade wieder mal sehr geschickt gezeigt, wo's langgeht«, wusste ich, dass Harald einfach die Nachrichten in Ruhe hören wollte und den Hund, obwohl wir gerade erst Gassi gewesen waren, in den Garten gelassen hatte. Die Nachrichten konnte er dann doch nicht ungestört schauen, denn durch Benjis Getöse, das der da draußen veranstaltete, musste er ihn wieder ins Haus holen.

Und was hat der Hund dabei gelernt? Genau: Kurz mal mit richtig Schmackes Laut geben und der Hausdiener öffnet ihm wieder die Terrassentür, damit er drinnen weitermachen kann, womit er drei Minuten zuvor aufgehört hatte: Herrchen nach seiner Pfeife tanzen zu lassen!

KAPITEL 5
ANGRIFF IST DIE BESTE VERTEIDIGUNG

DORIS, 31. OKTOBER

Heute stand der traditionelle Halloween-Empfang bei unseren Nachbarn auf dem Programm. Eigentlich sind die Wallners ja überhaupt nicht auf unserer Wellenlänge, aber dadurch, dass wir Zaun an Zaun mit ihnen wohnen, versuchen wir ein freundliches, nachbarschaftliches Verhältnis aufrechtzuerhalten. Viel mehr als einmal Grillen im Sommer, ein paar inhaltsleere Plaudereien am Zaun und ihre Halloween-Empfänge im Herbst sind es dann aber nicht.

Manchmal bedauere ich es wirklich sehr, nicht neben einer Familie zu wohnen, mit der wir mehr Gemeinsamkeiten haben. Aber als Bernhard vor drei Jahren nach Großbritannien ging, wollte er sein Haus schnell loswerden und hat wohl nicht bedacht, dass wir die Käufer um ein Vielfaches länger ertragen müssen als er. Fast hätte ich ihm damals gesagt, dass er die längste Zeit mein Lieblingscousin war. Noch dazu, wo die Wallners damals sein entzückendes Haus mit dem romantischen Garten abgerissen und uns stattdessen eine dieser kühl-sterilen Designer-Buden aus Glas und Sichtbeton vor die Nase gesetzt haben.

Aber wir ticken nicht nur in puncto Architektur ganz anders als unsere Nachbarn, sondern eben auch in vielen anderen Dingen. Birgit, ewige 38, in Wahrheit jedoch 43, hat als Hauptthema und Lebensinhalt die immerwährende Jugend, während ich mich eher mit Dingen wie gesunder Ernährung, Nachhaltigkeit oder Kindererziehung beschäftige. Doch damit stoße ich bei unserer Nachbarin auf taube Ohren. Vor allem das Wort »Erziehung« macht für sie beim Aussprechen schon Probleme. Die überlässt sie lieber dem Au-pair, damit sie genügend Zeit für Dinge wie Bikram Yoga, die neuesten Schönheitstipps, Detox-Kuren und fragwürdige Diäten hat.

Ihr Mann Stefan, ein Investmentbanker, der lange Zeit in den USA beschäftigt war, ist mit seinem Lieblingsthema »Finanzmarkt« natürlich auch nicht Haralds Kragenweite. Der redet nämlich lieber übers Angeln, Modellflieger oder seinen heiß geliebten Garten mit seinen neuesten exotischen Gemüseexperimenten.

Welche Geschichten wir von »Steve«, wie ihn Birgit immer mit einem verklärten Blick nennt, wieder zu hören bekommen würden, war also unschwer zu erraten: stundenlange Vorträge über die Entwicklungen an der Börse, die ich in etwa so spannend finde wie hochkomplexe Baupläne zu amerikanischen Flugzeugträgern. Und dass wir mit den beiden nicht über unser momentan brennendstes Thema – unseren Vierbeiner – würden sprechen können, war auch klar. Denn Nicht-Hundehalter beginnen bei Erzählungen über den besten Freund des Menschen meist schon nach dem dritten Satz zu gähnen.

»Ich verstehe gar nicht, warum wir da überhaupt rüber müssen«, murmelte Harald in seinen Bart, als er von seinem Anzug in

Jeans und Rollkragenpulli wechselte. »Wir passen da überhaupt nicht hin.«

Ich erklärte zu der obligaten Aussage, die ich jedes Jahr im Oktober zu hören bekomme, dass das zur Pflege eines guten Nachbarschaftsverhältnisses nun mal dazugehöre, gab Benji noch einen mit Hüttenkäse gefüllten Kong und fünf Minuten später machten wir uns auf den Weg nach nebenan.

Wie immer war es natürlich ein aufgesetztes Event, denn »zwanglos« ist für Birgit Wallner die kleine Schwester von »mittelmäßig« und passt weder zu ihren sündteuren Klamotten noch zum neuen SUV ihres Mannes. Also wurde auch diesmal wieder ein Ereignis inszeniert, als ob RTL Exklusiv zur Berichterstattung geladen wäre, wie bereits durch den Gartenzaun zu erkennen war: Der Designergarten, dessen Gras so wirkt, als würde es vom Gärtner regelmäßig mit der Nagelschere geschnitten, war dem Anlass entsprechend dekoriert, auf der Terrasse strahlte die Wärme von zehn (!) Heizpilzen bis zum Gartentor hinunter und ein Cateringservice lieferte exquisites Fingerfood und Glühwein in schicken Glaskürbissen.

Nun ja, dachte ich, *irgendwie kriegen wir die nächsten drei Stunden schon rum.* Denn länger planten wir schon wegen Benji nicht zu bleiben. Was für eine geniale Entschuldigung wir diesmal hatten!

Tatsächlich üben wir mit Benji gerade das Alleinbleiben und so bot sich uns nun die perfekte Gelegenheit dazu. Dank unseres täglichen Beschäftigungsprogramms ist er daheim nun um einiges ausgeglichener und kommt viel besser zur Ruhe. Auch wenn es ein bisschen mehr Einsatz für mich bedeutet, finde ich diese neue Routine wirklich gut: Ich muss nicht mehr Stunden mit Spaziergängen verbringen, bei denen Benji mich irgendwann ohnehin links liegen lässt und nur kommt, wenn er es will, sondern ich nutze die Zeit effizienter mit Suchspielen und Apportierübungen, die obendrein auch noch unserer Beziehung guttun.

Corinna hat mir dazu sehr anschaulich erklärt, dass wir als Team besser zusammenwachsen, wenn wir auch gemeinsame Hobbys pflegen, ähnlich wie Mannschaftskameraden in einem Sportverein.

Nebenbei erarbeitet sich unser Vierbeiner dadurch einen großen Teil seines Futters, das er zu seiner geistigen Forderung entweder mit der Nase ordentlich suchen soll oder das er für das Befolgen einfacher Signale wie »Bleib« bekommt, während ich die Kofferraumklappe öffne oder ein Jogger an uns vorbeiläuft.

Ganz im Unterschied zu Uschis Vorgaben am Hundeplatz wurde ich aber von Corinna angehalten, die Futterbelohnungen nur dann zu geben, wenn ein Signal erfolgreich *ausgeführt* wurde. Mehrmals zeigte sie mir nämlich, dass ich bei »Sitz« schon in die Tasche griff, bevor Benji überhaupt noch etwas tat.

soisserbrav.com/sitz

»Er lernt dadurch, nur dann Sitz zu machen, wenn du die Hand in die Tasche steckst. Er soll aber die Übung zuerst erfolgreich ausführen und erst dann greifst du nach dem Keks. Natürlich soll das nicht für den Rest seines Hundelebens so bleiben, er wird später nicht immer mit Futter belohnt werden müssen. Zu Beginn des Trainings ist das aber besonders wichtig, um den Übungen Sinn zu geben.«

Und tatsächlich hatte ich beobachten können, wie Benji im Training beharrlich auf meine Hand starrte, die schon wieder wie automatisch in meine Jackentasche gewandert war. Hier musste eindeutig *ich* lernen, meine Impulse zu kontrollieren – nicht Benji.

Aber das Training macht mir Spaß und auch Benji frisst sein Futter viel lieber, wenn er es sich erarbeiten muss. Außerdem hat sich damit auch noch ein weiteres Problem erledigt: Vor einigen Wochen hat Harald nämlich begonnen, Benji abends Dosen mit

Nassfutter zu öffnen, die ihm sein Freund Christian geschenkt hat, weil sie seinem Hund nicht schmecken. Leichtsinnigerweise habe ich diese Idee übernommen. Seither glaubte unser vierbeiniger Gourmet, sein Abendmahl à la carte wählen zu können.

Als unser Feinspitz dann auch noch begann, bei den verschiedenen Fleischsorten zu selektieren, wurde es mir aber zu bunt und ich wechselte wieder auf die harte »Friss oder lass es sein«-Tour mit Trockenfutter.

Natürlich soll unser Hund möglichst gesund und ausgewogen ernährt werden, aber Mätzchen dieser Art akzeptiere ich auch bei den Jungs nicht. Da bringe ich auch keine Pizza, weil der Gemüseauflauf gerade nicht mundet. Aber Benjis Hauben-Menü-Allüren hörten mit dem Beginn von Corinnas Trainingsaufgaben ohnehin auf, da er anscheinend lieber frisst, wenn er sich dafür anstrengen muss.

Außerdem war unser neues Familienmitglied in seinem früheren Leben ja möglicherweise ein Straßenhund und ganz auf sich selbst gestellt gewesen. Dann würde es auch nahe liegen, dass das servierte Futter aus dem goldenen Napf für ihn viel weniger Sinn ergibt, als sich seine Beute erst zu »erarbeiten«.

Aber bei aller Jammerei hat es auch was Gutes, dass er offenbar vorwiegend positive Erfahrungen mit Menschen gemacht hat. Wenn sich nicht gerade eine Uschi plump über ihn beugt, zeigt er sich ihnen gegenüber nämlich grundsätzlich aufgeschlossen und freundlich, es sei denn, sie tragen ein gelbes Postboten-Outfit.

All das ging mir durch den Kopf, als Harald und ich bereits zum dritten Mal an Wallners Gartentür klingelten. Da wir fast eine halbe Stunde zu spät waren, war die Party schon in vollem Gange und übertönte offenbar die Glocke. Doch dann endlich öffnete sich die Tür, und unsere Nachbarn begrüßten uns überschwänglich. Birgit wirkte noch aufgeregter als sonst bei solchen Anlässen und auch Stefan hatte ein breites Grinsen im Gesicht.

Der Grund für die überschäumend gute Laune der beiden war aber nicht etwa der Glühwein, dessen Qualität beide offenbar schon vor Ankunft der Gäste intensiv getestet hatten, sondern ein weißer Fellwuschel, der vorsichtig zwischen den Beinen unserer Gastgeber hervorlugte.

»Das ist Leopold, ein Goldendoodle«, flötete Birgit. »Wir haben ihn vor zwei Tagen von einem Züchter aus Norddeutschland geholt.« *Nicht euer Ernst,* dachte ich, *wirklich jetzt? Ein TIER im keimfreien Haus der Wallners?*

In einem Akt höchster Konzentration versuchte ich, meine Augen und Stirnfalten so weit unter Kontrolle zu halten, dass sie nicht verrieten, was ich dachte, während ich krampfhaft nach den passenden Worten suchte. Doch mir schien mein Sprechvermögen gemeinsam mit meinen guten Manieren abhandengekommen zu sein. Denn ich starrte nur den Hund an, ohne den Gruß der Wallners zu erwidern. Der Kleine war natürlich zuckersüß, doch ich war wirklich irritiert.

Nicht nur, weil ich der pedantischen Birgit niemals einen Hund zugetraut hätte, sondern auch von der sonderbaren Zurückhaltung, die Leopold an den Tag legte. Benji hätte schon alle Besucher wild begrüßt und nebenbei versucht, das Buffet abzuräumen.

Während ich in die Hocke ging, um den Hund an mir schnüffeln zu lassen, fiel mir ein, dass ich erst vor Kurzem in einem Hundemagazin von diesen neuen »Designerrassen« gelesen hatte und bereits da darüber schmunzeln musste, dass jetzt scheinbar ein paar schlaue Menschen das Geschäft mit Mischlingen entdeckt haben.

»Goldendoodles haben die Güte eines Golden Retrievers und die Intelligenz eines Pudels«, ließ uns Stefan wissen.

»Und sie verlieren auch keine Haare«, fügte Birgit erfreut hinzu. »Der arme Kerl ist aus dem Wurf übrig geblieben. Als ich sein Foto in den Ebay-Kleinanzeigen gesehen habe, war es um mich geschehen.«

In den Kleinanzeigen? Oh mein Gott! Das arme Tier stammt bestimmt von so einem Hundevermehrer – Züchter kann man diese skrupellosen Menschen nicht nennen. Und es liegt ja auch auf der Hand: Leute, die versuchen, Welpen über Kleinanzeigen zu verkaufen, können gar nicht seriös sein. Ein guter Züchter bekommt seine Kunden durch Empfehlungen und ist nicht auf Inserate in einer Zeitung oder auf einer Internetplattform angewiesen, wo der Hund wie Ware zwischen Fahrrädern und Terrassenmöbeln feilgeboten wird.

Birgit sah mich immer noch erwartungsvoll an, da ich wohl so etwas wie »Mein Gott, ist der süüüüß« hätte sagen sollen, aber mir hatte es einfach die Sprache verschlagen. Denn fehlender Fellverlust hin oder her – die Gute ist ja schon mit der Erziehung ihrer drei Kinder schwer überfordert. Mit Sicherheit hat sie nicht die geringste Ahnung, was es bedeutet, auch noch einen Hund zu erziehen. Außerdem bin ich immer davon ausgegangen, dass sie Angst vor Hunden hätte. Ihr hysterisches Gekreische von unserer Begegnung im Wald vor ein paar Wochen hab ich heute noch im Ohr.

Benji entwickelte sich damals gerade zu einem ziemlichen Terroristen und wollte einfach nicht verstehen, dass Schlamm auf ihrer ivoryfarbenen Trainingsjacke gar nicht gut kommen würde. So war er mit seinen matschigen Pfoten an ihr hochgesprungen, als sie uns entgegenkam. Ihre Reaktion ließ aber eher den Angriff eines Tyrannosaurus Rex als das Hochspringen eines 40 cm hohen Terrier-Junghunds vermuten.

Schließlich stammelte ich etwas wie »Wunderbar, vielleicht hat Benji ja jetzt einen neuen Freund«, obwohl ich, als die Worte meinen Mund verließen, bereits tägliche Kläffkonzerte am Zaun vor Augen hatte, wenn unser Hund trotz all der neu erlernten Impulskontrolle bei einem Rivalen next door möglicherweise doch die Nerven verlieren würde.

Wie erwartet verlief der Abend sehr angespannt, denn irgendwie bekommen es die Wallners mit ihrem Perfektionszwang einfach nie hin, eine lockere Atmosphäre zu schaffen. Mit einem Mal kam dann aber doch Leben in die maue Runde, als schrilles Gebell und kurz darauf ein lauter Schrei aus der Küche ertönten.

Zunächst vermutete ich, dass sich jemand mit einem Messer oder einem Küchengerät verletzt hatte, doch dann kam Birgits

Mutter auf die Terrasse gelaufen und schrie hysterisch: »Diese Bestie hat mich doch tatsächlich gebissen! Einen Krankenwagen! Einen Krankenwagen!« Dabei hielt sie ihren blutigen Finger hoch und inszenierte divenhaft ein Drama wie aus einer Seifenoper.

In der ersten Sekunde verstand ich gar nicht, vom wem hier die Rede sein sollte, bis »Steve« den vierbeinigen Neuankömmling der Wallners vom Wohnzimmer aus forsch in den Garten bugsierte, um seinem Unmut wegen dessen »Ungezogenheit« Luft zu machen und womöglich seiner Schwiegermutter als holder Retter zu imponieren.

Und der sollte jemanden gebissen haben? Der hatte doch fast den ganzen Abend in die Ecke gekauert unter der Bank in der Küche verbracht, während Frauchen und Herrchen mit Cocktails und Glühwein neben uns und anderen Gästen gestanden hatten, um uns abwechselnd von Stefans letzten Wertpapier-Deals und Birgits neu entdeckter Methode zur Gewichtsreduktion zu erzählen.

Doch als Birgits Mutter hyperventilierend mit ihrer »schweren« Verletzung auf die Terrasse gestürmt war, waren Aktien und überschüssige Pfunde vergessen, und unsere Gastgeber erteilten dem verschreckten Welpen die Lektion, die er ihrer Meinung nach verdient hatte. Mit offenem Mund stand ich äußerst irritiert von Stefans Reaktion da, als mein Mann, der bei solchen Anlässen aus Langeweile gerne das Buffet plündert, zu mir auf die Terrasse kam.

Aufgebracht und hinter vorgehaltener Hand erzählte er mir, dass er bei seinem vierten Gang in die Küche beobachtet hatte, wie die Dame vornübergebeugt auf den in der Ecke kauernden Hund zugegangen war und ihn mit Sätzen wie »Ja, wo isser denn, der Leopold?« hervorlocken wollte. Der wiederum hatte laut Harald einen Gesichtsausdruck und eine Körperhaltung gehabt, als wolle er sagen »Da isser und hat die Hosen voll«.

»Kein Wunder, dass der Kleine sie gebissen hat, deutlicher hätte er ihr gar nicht vermitteln können, dass er Angst hat und lieber Abstand möchte: Ohren ganz angelegt, Schwanz eingezogen, den Rückwärtsgang voll eingelegt ... Das verstehe ja sogar ich.«

Wow, ich war wirklich beeindruckt von den fachkundigen Aussagen meines Mannes! All die Erzählungen und an ihn weitergegebenen Informationen aus Büchern und dem Training mit Corinna hatten also doch ein paar Früchte getragen.

Leopold, der wie ein Häufchen Elend immer noch im penibel gestutzten Gras der Wallners kauerte, war derweil sichtlich überfordert mit der Situation. Er zitterte am ganzen Körper, vermied jeden Blickkontakt und leckte sich gefühlte 50 Mal über die Schnauze.

Am liebsten hätte ich ihn mit nach Hause genommen, denn ich konnte mir nicht vorstellen, wie der Kleine bei den Wallners ein entspanntes Hundeleben führen sollte: Stefan, der sich außer um seinen Beruf und sein Auto um nichts kümmert – traurigerweise auch nicht wirklich um die Kinder –, Birgit, die mit so gut wie allen Lebensaufgaben überfordert ist, und die drei leider so gar nicht erzogenen Kids, denen mit Sicherheit gestattet wird, das bedauernswerte Tier durch Haus und Garten zu schleppen, weil sie denken, es sei eine lebendige Puppe.

Armer, armer Leopold. Er hatte ja schon bei unserem Eintreffen unsicher gewirkt, hatte von Beginn an einen eingezogenen Schwanz und war mit abgesenktem Kopf und großen Augen umhergeschlichen. Und sein verschrecktes Verhalten war sicherlich nicht nur Birgits hysterischer Art geschuldet.

Von Katja hatte ich nämlich gehört, dass die sogenannte Sozialisierung bei Hunden eigentlich eine wichtige Aufgabe des Züchters ist. Lernen Hunde in der sensiblen Phase etwa ab der vierten Lebenswoche keine Reize kennen, die in ihrem weiteren Leben von Bedeutung sind, kann das später nicht mehr nachgeholt werden. Das Gehirn ist in dieser Zeit aufnahmefähig wie ein Schwamm und saugt alles auf, später schließen sich diese empfangsbereiten Synapsen aber.

Daher sollten Hunde schon im Alter von ein paar Wochen behutsam an Reize, wie Straßengeräusche, verschiedene Bodenuntergründe, allerlei Gerüche, Autofahren, andere Menschen in allen Formen und Farben, quasselnde Kinder und natürlich auch andere Hunde herangeführt werden. Wobei Letzteres häufig ohnehin in den Welpenschulen passiert, die gemeinsam mit den neuen Menschen besucht werden sollten.

Bei Benji hatten wir in puncto Sozialisierung offenbar Glück gehabt. Sollte er wirklich auf der Straße gelebt haben, hat er dort Verkehrslärm, unzählige Menschen, ihre verschiedenen Formen der Kommunikation und natürlich jede Menge anderer Hunde kennengelernt. Nur mit Staubsaugerlärm hat ihn ganz offenbar niemand konfrontiert.

Wenn ich mir jetzt vorstelle, dass der arme Welpe bei irgendeinem geldgierigen Hundevermehrer im Hinterzimmer aufgewachsen ist und in seinen ersten Lebensmonaten gar keine anderen Menschen, Hunde und sonstige für die Sozialisierung wichtige Reize erlebt hat, erklärt sich, warum er so unsicher ist.

Nun kauerte der Kleine also da und alle starrten ihn an. Manche flüsterten sich etwas zu und man konnte spüren, dass er nicht nur uns leidtat. Selbst Birgit, deren Sensibilität für die jeweils herrschende Stimmung auf einer Skala von null bis zehn bei etwa minus fünf liegt, merkte das. Also forderte sie »Steve« auf, den Hund wieder ins Haus zu bringen, und zog sich mit einer akuten Migräne in ihr Zimmer zurück.

Ihr Mann, dem offenbar langsam dämmerte, dass er überzogen reagiert hatte, erklärte die Show mit einem verlegenen Lächeln für beendet. Dann führte er seine Schwiegermutter ins Haus und versicherte ihr – bereits drinnen, aber noch laut genug, dass man es auf der Terrasse hören konnte – dass kein Krankenwagen nötig sei, die Wunde sei mit einem Pflaster schon überversorgt.

Nun war die Stimmung endgültig auf dem Nullpunkt und Harald und ich, wie auch ein Großteil der übrigen Gäste, nutzten die Gelegenheit, die Party zu verlassen. Kopfschüttelnd gingen wir nach Hause und ich fragte mich laut denkend, wie lange es wohl dauern würde, bis Leopold die Kinder beißt, die eben kaum erzogen sind und bereits das dritte Au-pair-Mädchen vergrault haben. Dass ein so ängstlicher Hund ihre Quälereien nicht ewig dulden wird, liegt auf der Hand.

Doch auch wenn der Abend so unschön geendet hatte, war ich seit Langem das erste Mal wieder richtig glücklich, dass wir uns damals entschieden hatten, Benji zu behalten. Denn der lag bei unserer Rückkehr entspannt im Flur und führte sich nicht auf wie tollwütig. Zudem war nirgendwo ein feuchtes Missgeschick passiert, die Polstermöbel und Schuhe waren noch heil und nicht ein neuer Kratzer fand sich an der Eingangstür.

Das waren wirklich Fortschritte in puncto Alleinbleiben! Harald war ebenfalls schwer beeindruckt von unserem Vierbeiner. Ich aber umgekehrt auch von ihm, denn zu meiner Überraschung veranstaltete er kein übertriebenes »Herrchen is back!«-Tamtam, wodurch es Benji offensichtlich viel leichter fiel, trotz seiner Freude über unsere Rückkehr halbwegs die Ruhe zu bewahren.

Überhaupt hatte ich den Eindruck, dass Harald, der heute mal gesehen hatte, dass es auch ganz anders laufen kann, zu verstehen begann, wie wichtig gute und konsequente Erziehung ist. Denn als Benji doch einmal kurz Anstalten zum Hochspringen machte, ignorierte er unseren Vierbeiner fast perfekt – nur für den Bruchteil einer Sekunde hatte er zu einer Reaktion angesetzt.

Als hätte sich bei ihm durch die Szene mit Leopold ein Schalter umgelegt, kam er zu mir ins Schlafzimmer, um das neue Hundetrainer-Format im Fernsehen anzusehen, anstatt seinen heiß geliebten *Tatort* im Wohnzimmer zu schauen. Dass ich einverstanden war, versteht sich von selbst und so hatte ich das erste Mal *gemeinsam* mit meinem Mann so einige Aha-Momente zu den Geschehnissen der letzten Tage.

So zum Beispiel zur Erkenntnis, dass der Abstand, den jeder Hund für sich in der Begegnung mit anderen beansprucht, ganz individuell ist, daher auch der Begriff »Individualdistanz«, den ich ja schon von Corinna kannte. Da fiel mir sofort Haralds Freund Christian ein, der beim Reden allen Menschen so nahe kommt, dass ich bei Unterhaltungen mit ihm regelmäßig in kleinen Schritten zurückweiche, was ihn aber leider nicht davon abhält, nachzurücken, bis ich oft im wahrsten Sinne des Wortes mit dem Rücken an der Wand stehe.

Höchst interessant war außerdem die Erkenntnis, dass das Vornüberbeugen von Menschen aus Hundesicht eine Drohgeste ist und das Glotzen der Menschen – wenn auch nett gemeint – von Vierbeinern als drohendes Fixieren wahrgenommen wird, was für Hunde eine Vorstufe von Aggression darstellt. Und selbst Lächeln oder Lachen kann von Hunden, die nicht gut sozialisiert sind, also solchen, die noch nicht viel Kontakt zu Menschen gehabt haben, als Drohgeste aufgefasst werden. Denn der Mensch zeigt dabei ja seine Zähne – wie Hunde eben, wenn sie sich Respekt verschaffen wollen.

Allerdings ist gerade das Lächeln ein gutes Beispiel dafür, dass unsere Vierbeiner uns im Lesen und Verstehen anderer Lebewesen einiges voraushaben. Normal sozialisierte Hunde können nämlich das menschliche Grinsen als freundliche Geste und nicht als aggressives Zähnezeigen erkennen. Hunde scheinen also im Gegensatz zu uns Menschen weitaus fähiger zu sein, neue »Sprachen« zu lernen und sich anzupassen.

Nach dem heutigen Abend war ich heilfroh, dass unser Hund Menschen gegenüber nicht aggressiv ist. Doch dann erinnerte ich mich an den Vorfall mit Benji und Hundeplatz-Uschi, den ich schon fast verdrängt hatte. Hier schien es um das gleiche Thema gegangen zu sein: Uschi hatte sich grobmotorisch über Benji gebeugt, um die Position seines Halsbands zu überprüfen. Da ich ihn eng an der Leine hatte, konnte er nicht zurückzuweichen und wählte deswegen den Weg, Uschi mit Bellen zu vertreiben.

Mir wurde auch klar, dass ich sämtliche Beschwichtigungssignale, wie Kopf Abwenden, Blinzeln etc. und Stressanzeichen, wie über die Schnauze Lecken oder Gähnen, die in der Serie erklärt wurden, übersehen haben musste und ich gelobte daher Benji zuliebe, von jetzt an besser darauf zu achten.

Als die Sendung fast zu Ende war, läutete mein Handy. Am anderen Ende der Leitung war eine wieder halbwegs zu Sinnen gekommene – und offenbar von ihrer Migräne befreite – Birgit, die mich nach der Nummer von Corinna fragte, von der ich ihr beim Party-Small-Talk begeistert erzählt hatte.

»Immerhin hat sie das Problem erkannt und sucht Hilfe«, sagte ich an Harald gekuschelt, der mich heute so richtig beeindruckt hatte.

LEOPOLD, 31. OKTOBER

Ich weiß gar nicht, was das hier soll. Seit dieser langen Reise sind nur noch fremde Gestalten um mich herum, ständig höre ich Geräusche, die ich nicht kenne, und Papier liegt auch keines rum, auf dem ich mich erleichtern kann, wenn ich mal muss. Überhaupt ist alles anders hier: glatte Böden, neue Gerüche und dann auch noch diese kleinen Menschen, die sich immer so schnell und hektisch bewegen. Von den Gefahren draußen ganz zu schweigen!

Da riecht es nach allem möglichen Unbekannten. Deshalb verrichte ich mein Geschäft vorerst lieber auf dem weichen Boden hier drinnen ...

Ich kann einfach nicht verstehen, warum die Menschen mich danach immer rügen. Es ist doch ganz klar, dass ich in der großen, unbekannten und wahrscheinlich auch gefährlichen Welt da draußen bloß keine Spuren hinterlassen möchte.

Und als ob das alles nicht schon anstrengend und beängstigend genug wäre, strömten dann heute Abend noch mehr Fremde in mein – als fast schon sicher gedachtes – neues Zuhause, wodurch es schließlich zum Supergau kam.

Am Anfang nahm ich ja noch allen Mut zusammen und roch mit langer Nase zaghaft nach ihnen, um mir vorsichtig ein Bild von jedem Einzelnen und überhaupt von der ganzen Lage zu machen. Doch obwohl ich mich ganz langsam bewegte und eigentlich die ganze Zeit signalisierte, dass ich echt Muffensausen hatte, wurde es nicht besser. Einer nach dem anderen kam ungebremst auf mich zu, beugte sich über mich und starrte mich an, sodass ich richtig Schiss bekam. Und jeder, wirklich jeder, zeigte mir seine Zähne!

Keine Ahnung, was die damit erreichen wollten, aber es wirkte auf mich beängstigend. Ich kenne das nämlich von meiner Mutter. Die hat uns auch immer ihre Zähne gezeigt, wenn sie ihre Ruhe haben wollte. Hat das mal einer meiner Geschwister ignoriert, ist sie nach vorne gegangen und hat ihre Lefzen nach oben gehoben und geknurrt, was das Zeug hielt.

Andererseits klangen die Laute, die die Menschen heute beim Zähnezeigen machten, eher beschwichtigend. Ich war komplett überfordert damit, das alles zu entschlüsseln und zu deuten.

Nachdem ich mir also trotz größter Bemühungen auf all das keinen Reim machen konnte, stieg immer mehr die Panik in mir hoch und schließlich wich ich in die hinterste Ecke der Küche zurück. Dort versuchte ich mich so klein wie möglich zu machen und endlich ein bisschen zu schlafen. Vormittags hatten mich die kleinen Menschen nämlich schon durch den Garten geschleift und all meine Unmutsäußerungen ignoriert.

Da half kein Quietschen, kein Ohrenanlegen und auch mein eingezogener Schwanz beeindruckte sie nicht. Nachdem noch nicht mal das Zähnezeigen etwas brachte, verfiel ich in Hilflosigkeit und ließ alles über mich ergehen. In der Ecke kauernd fand ich dann zumindest ein klein bisschen Frieden und Gelegenheit, mich endlich ein wenig auszuruhen.

Doch plötzlich kam eine mit weit aufgerissenen Augen vornübergebeugte Gestalt schleichend auf mich zu und streckte mir ihre Hände entgegen, als wolle sie mich gleich angreifen. Übermüdet und erschöpft von den ganzen Erfahrungen des Tages, versuchte ich es nun mit dem nächsten Gang und knurrte einmal tief aus dem Bauch heraus, um sie auf Abstand zu halten. Sie war davon allerdings wenig beeindruckt und streckte mir ihre Finger entgegen, als wären es große Zähne, die jede Sekunde in mich reinhacken würden.

Ich war am Ende meines Körpersprache-Lateins angekommen und sah nur noch eine einzige Möglichkeit, die Bestie abzuwehren: Ich stieß ein paar hohe Belllaute hervor und schnappte nach vorne, um mir endlich Luft zu machen.

Dann ging alles Schlag auf Schlag: Mein neues Herrchen stürzte auf mich zu, verpasste mir mit der Hand einen Hieb und schnauzte mich an, bevor ich wusste wie mir geschah. Ich wich mit weit aufgerissenen Augen und dem letzten bisschen Rückwärtsgang zurück und erstarrte völlig. Dann kam auch noch die Frau dazu und schrie auf mich ein.

Ich hab natürlich nichts von alldem verstanden, erkannte aber an ihren Lauten, dass sie sauer waren. Unwirsch packte mich mein Herrchen an der Nackenfalte und schleppte mich nach draußen, wo er mich einfach fallen ließ. Und dann war da wieder dieser Haufen Fremder, die mich alle anstarrten, als hätte *ich* etwas Falsches getan.

Ist denn hier gar niemand, der mich versteht?

KAPITEL 6
DER HUND VOM ANDEREN STERN

BENJI, 15. NOVEMBER

Heute hatte ich sprichwörtlich eine »Begegnung der anderen Art«. Und nein, es waren keine Aliens in unserem Garten gelandet. Es war viel schlimmer!

Dabei hatte der Tag so wunderbar begonnen. Frauchen und ich hatten während unserer Morgenrunde zusammen jede Menge Spaß gehabt, ich war meinem Erzfeind Balou nicht begegnet, und als wir wieder daheim waren, bereitete Frauchen ganz viele Leckereien vor. Also würde heute etwas Aufregendes passieren – da war ich mir sicher.

Zunächst war die Welt jedoch noch in Ordnung. Frauchen war mit ihren Vorbereitungen beschäftigt, und ich lag gechillt auf meinem Platz und beobachtete sie. Irgendwie wirkte sie allerdings ein bisschen aufgeregter als sonst, lief schneller hin und her und schepperte mit allem möglichen Zeugs in Küche und Wohnzimmer rum.

Und dann ließ sie mich sogar mal wieder einfach so in den Garten raus.

Geilo, das hatte es schon lange nicht mehr gegeben!

Um etwaigen Eindringlingen zu zeigen, wer hier wohnt, musste ich erst mal meine Kontrollpatrouille gehen. Gut, soweit alles ruhig. Also widmete ich mich nach ein paar Markierungen genüsslich meinen Schnüffeleien. Da schien doch tatsächlich wieder eines dieser suspekten stacheligen Dinger *meinen* Garten gekreuzt zu haben!

Doch gerade als ich die Spur genauer verfolgen wollte, kam aus dem Nichts eine rundliche Gestalt, knurrend, mit großen Augen, in Falten gelegter Stirn und hochgezogenen Lefzen auf mich zu galoppiert – wie eine Abrissbirne, die nicht mehr zu stoppen war. Was hatte diese rollende Tonne in meinem Garten zu suchen und wie war sie hier überhaupt reingekommen?

Schnell verlagerte ich mein Gewicht auf die Hinterbeine, um zur Flucht anzusetzen, aber im selben Augenblick merkte ich, dass es zum Fliehen zu spät war. Also blieb nur der Angriff. Ich prellte daher nach vorne, um diese dubiose Kreatur vielleicht doch noch davon abhalten zu können, mich zu attackieren. Da kam auch schon Frauchen gelaufen und ich war einen Moment lang fest überzeugt, sie würde mir Deckung geben. Aber von wegen! Sie stürzte stattdessen nämlich tatsächlich auf mich zu und vereitelte meinen Angriff. Hallllooo? Ich plädiere auf Notwehr!

Als Frauchen mich dann vollkommen ungerechtfertigt von dem Ding runterpflückte, merkte ich am Geruch, dass es sich um einen Artgenossen handeln musste. Am Halsband zurückgehalten und nach wie vor in voller Rage, nahm ich den Kollegen genauer unter die Lupe. Seine Augen glotzten mich noch immer so starr an, dass ich das Gefühl hatte, sie würden gleich herausplumpsen.

Irgendwie hatte ich aber mit ein bisschen Abstand betrachtet dann doch nicht den Eindruck, dass mein Gegenüber mir ernsthaft etwas Böses wollte. Sehr komisch. Zwar lag seine Stirn immer noch in Falten und ich vernahm auch ein röchelndes Knurrgeräusch, aber irgendwas in mir begriff ganz langsam, dass diese Missgestalt mich nicht kalt machen wollte. Alles sehr eigenartig ... Ich konnte diesen Hund vom anderen Stern einfach nicht richtig lesen und nicht erkennen, was er zu sagen versuchte.

Plötzlich stieg mir ein unverkennbarer Duft in die Nase und ich merkte, dass es sich sogar um eine *Hündin* handelte. Wow, mit denen verstand ich mich eigentlich immer gut, aber eben nur »eigentlich«. Denn hier mit einer derart provokativen Körperhaltung reinzukommen, als sei das alles ihr Revier, und dann noch eine solch wirre Kommunikation an den Tag zu legen, die sie mit einer über den Kopf gezogenen Strumpfhose genauso gut hätte ausdrücken können, ging gar nicht. Daher hatte ich mich eben entschieden, mich genau so zu verteidigen, wie es mir die drei Idioten auf dem Hundeplatz auf die harte Tour beigebracht hatten.

Mit einem lauten Knurrer wollte ich der Lady ohne Manieren daher abschließend klarmachen, dass sie sich gefälligst zusammenzureißen hat – bis ich merkte, dass sie offenbar ohnehin ziemlich Schiss in der Buchse hatte. Denn eigentlich kenne ich solche vorlauten Kandidaten nur mit einem bis über den Rücken gebogenen Schwanz, um ordentlich was herzumachen. Nur: Wo die Angeber sonst ihre Show-Rute haben, war nichts zu sehen.

Also musste ich davon ausgehen, dass die Gute ihren Stachel bis unter den Bauch eingezogen hat, was ja bedeuten würde, dass sie die Hosen gestrichen voll hat. Was für ein Mysterium. Ich hielt dann doch lieber Abstand ...

Besser mal ein Blick zu Frauchen, vielleicht war sie wieder bei Sinnen und hatte eine Idee, wie ich mich der unerzogenen Göre gegenüber verhalten sollte. Doch die war für mich auch gerade nicht zu lesen. Sie hielt mich nur weiterhin am Halsband fest und sprach mit einer Frau, die ich in dem ganzen Tohuwabohu gar nicht bemerkt hatte, die aber offenbar zu der Angreiferin gehörte.

Halt! Die kannte ich doch! Das war doch die, die mir immer ... Und da zog sie auch schon einen großen Kauknochen hervor, der meiner Erinnerung an sie den letzten Schliff gab. Begeistert sprang ich an ihr hoch und holte mir meinen Leckerbissen ab. Damit verzog ich mich dann in die hinterste Ecke des Wohnzimmers, kassierte davor aber von Miss Rollmops noch einen ordentlichen Rempler, da sie mit ihrem Leckerchen offenbar vor mir im Haus sein wollte. Ich ignorierte das allerdings, denn ich hatte mittlerweile das Gefühl, mir diesen nervigen, moppeligen Koloss nicht vom Leib halten zu können. Und außerdem war ich jetzt ohnehin mit was Besserem beschäftigt.

Lange konnte ich mich meinem herrlichen Geschenk aber gar nicht hingeben, denn aus dem Augenwinkel sah ich schon wieder dieses Walross mit den Stummelbeinchen anrollen, das seinen Knochen bereits verdrückt hatte und munter weiter vor sich hin knurrte. Ich fixierte es mit nach unten gerichteter Nase und stieß ein tiefes Knurren hervor. »Verdünnisier dich, Dickerchen«, wollte ich damit sagen und war fast überrascht, dass die Kleine das nun endlich verstand und Abstand hielt. Die Abreibung vorhin hatte offenbar doch Wirkung gezeigt.

Dennoch ließ sie es sich nicht nehmen, mich mit ihren Glupschaugen aus nicht allzu großer Entfernung weiter anzustarren, bis ich fertig geschmaust hatte. Danach versuchte sie mühselig, die hinterlassenen Spuren auf meinem Platz mit ihrer Plattschnauze aufzusaugen. Ich konnte es kaum erwarten, dass »Lola« – so musste sie heißen, nachdem ihr Frauchen diesen Laut in einer Tour in ihre Richtung geflötet hatte – endlich verschwindet.

Aber von Abzischen waren wir weit entfernt, denn nun war mein Allerheiligstes dran: meine Spielzeugkiste. Die wird zwar mittlerweile durch Frauchen verschlossen gehalten, indem sie seit Neustem immer allerlei Zeugs darauf ablegt. Daher kann ich den Deckel nicht mehr aufstupsen und muss blöderweise warten, dass ein Mensch mir etwas daraus gibt. Doch ein Rempler mit dem robusten Körper unserer Besucherin reichte, die Kiste fiel um und alle meine Spielsachen landeten vor ihren Beinchen. Dann trug sie

eins nach dem anderen durchs Haus, als ob sie draußen am Feld jedes einzelne davon selbst erlegt hätte.
Was bildete sich diese Tonne eigentlich ein, hier derart unsympathisch reinzuknallen und sich aufzuführen, als wohnte sie hier, um sich schließlich an all meinen Sachen zu vergehen? In mir kochte es schon wieder hoch. Als sie dann aber Giraffe Sophie den Hals noch länger zog, als er ohnehin war, platzte mir so richtig der Kragen. Immerhin hatte ich ihr bereits mit verschiedenen Unmutsäußerungen zu verstehen gegeben, dass sie ihr Flachgesicht von meinen Sachen und mich überhaupt in Ruhe lassen soll: Ich war ihr ausgewichen, hatte sie mit meinen Blicken fixiert und tief geknurrt. Jetzt reichte es!

Mit jeder Menge Frust im Bauch fuhr ich mit lautem Getöse und geöffnetem Maul auf sie zu, in der Hoffnung, mir nun endlich nachhaltig Respekt verschaffen zu können. Aber warum war das überhaupt nötig? Warum hatte sie meine Signale nicht verstanden? In meinem früheren Leben ohne Menschen, als die Straße noch mein Zuhause und ich auf mich alleine gestellt war, war das ganz anders gelaufen.

Da gab es jede Menge (normal aussehende!) Hunde, aber Essen und sichere Schlafplätze waren knapp, und ich war noch ein junger Hosenschisser und musste daher wirklich genau abchecken, was die anderen Hunde mir signalisierten und umgekehrt. Oft musste einer von uns klein beigeben, auch wenn es mal am Ego kratzte. Denn es hätte sich einfach nicht gelohnt, um alles zu streiten und ernste Verletzungen zu riskieren.

Viele der Hunde, die ich bisher mit meinen Menschen getroffen habe, scheinen da ganz anders zu ticken: verweichlichte Grobmotoriker, die anscheinend nie im echten Leben unterwegs waren und keine Ahnung von feiner Kommunikation haben. Ein bisschen erinnern sie mich an Herrchen, bei dem ich wortwörtlich ja auch immer einige Anläufe brauche, bis er mich versteht. Lola war allerdings schon wegen ihrer schiefen Optik die Königin der Kommunikationslegastheniker. Und das musste ihr mal vermittelt werden!

Ich stürzte mich also abermals auf sie, um ihr die Lektion zu verpassen, die ich bei ihrer Ankunft nicht zu Ende hatte bringen können. Frauchen *musste* das einfach verstehen. Aber von wegen! Sie und ihre Freundin sprangen von ihrem Kaffeekränzchen hoch wie damals die großen Vögel im Feld, um wiederum *mich* in die Mangel zu nehmen.

Wie unfair kann das Leben eigentlich sein? Und dann schaute diese Töle mit ihren Froschaugen auch noch triumphierend zu mir rüber! An nochmalige Zurechtweisung war natürlich nicht zu denken, da ich ja nun wusste, wo Frauchens Solidarität lag. Wenigstens zog ihre Freundin mit dem Faltengebirge dann endlich Leine.

Siehste, hatte also doch was gebracht, der Spielzeugdiebin noch mal ordentlich einzuschenken.

DORIS, 15. NOVEMBER

Ich hatte mich so sehr gefreut, Gabi wiederzusehen. Seit unserem letzten Treffen war schon einige Zeit vergangen, und der Besuch bei ihrer Mutter zwei Straßen weiter war Anlass genug für eine längst überfällige Plauderei bei Kaffee und Kuchen. Vorgestern hatte sie mich dann noch angerufen, um mir freudig mitzuteilen, dass auch ihre Französische-Bulldoggen-Hündin Lola mitkommen würde. So könnte sie Benji endlich mal kennenlernen.

Ich musste kurz schlucken, denn zum einen hatten wir noch nie Hundebesuch gehabt und zum anderen war ich ein wenig besorgt, weil ich wusste, dass Gabi ihre Lola noch mehr vermenschlicht, als Harald das an seinen schlechtesten Tagen mit unserem Vierbeiner tut. Noch dazu sind wir mit Benji erst am Anfang der Trainingsphase. Daher hat er noch nicht wahnsinnig viel von unseren Übungen verinnerlicht, und wenn uns jetzt jemand ins Handwerk pfuscht, könnte uns das wieder meilenweit zurückwerfen.

Aber ich konnte ihr das natürlich nicht sagen, und so blieb nichts anderes übrig, als zu erwidern, dass es bestimmt nett wäre, wenn Benji mal Hundebesuch bekäme.

Nun ja, wie sich dann herausstellte, waren meine Befürchtungen nicht unberechtigt.

Gabi, bei der man normalerweise mit bis zu einer Stunde Verspätung rechnen muss, kam ausnahmsweise zu früh bei uns an und öffnete aus alter Gewohnheit einfach das Gartentor. Dass das jetzt, wo wir einen Hund haben, keine gute Idee sein könnte, war ihr offenbar nicht in den Sinn gekommen.

Aber schon in der Schule lebte sie in ihrer rosaroten Traumwelt und ist auch heute dank der Flower-Power-Mentalität ihres Mannes mehr so der Typ, der nirgendwo mit Problemen rechnet, ihren und den Namen ihres Hundes tanzt und nachher Bäume umarmt. Leider sieht sie dadurch vieles wirklich zu optimistisch, sonst wäre ihr klar gewesen, dass Benji möglicherweise nicht so reagieren würde, wie sie sich das in ihrer »Wir haben uns alle lieb«-Welt wahrscheinlich vorstellte.

Ich hatte nämlich Benji kurz zuvor für eine Pipirunde in den Garten gelassen. Trotz unseres langen Morgenspaziergangs war mir wohler dabei, wenn er seine Blase noch mal leerte, schließlich ist bis vor Kurzem um diese Uhrzeit noch das eine oder andere Geschäft danebengegangen. Ich selbst war im Wohnzimmer, um den Kaffeetisch zu decken, als ich plötzlich draußen etwas röcheln hörte. Mir schwante Böses. *Bitte, lieber Gott, lass Gabi und ihren Hund noch nicht* ... Mit drei langen Schritten hechtete ich zur Terrassentür, um Schlimmeres zu verhindern. Doch es war zu spät. Benji schoss wie von der Tarantel gestochen auf Lola zu und stürzte sich knurrend auf sie.

Natürlich wusste ich von Corinna, dass es ein No-Go war, so wachsame Hunde wie Benji alleine in den Garten zu lassen. Wir sollten mehr Kontrolle für ihn übernehmen, indem wir ihn dorthin begleiten. Dann muss er nicht das Gefühl haben, nach dem Rechten sehen und für Ordnung sorgen zu müssen. Außerdem sollten wir immer *vor* Benji in den Garten oder durch die Haustür gehen, um ihm zu signalisieren, dass wir uns schon um etwaige Gefahren kümmern, und er nicht wieder denkt, den Sheriff spielen zu müssen. Sonst würde sich sein ohnehin angeborenes Bewusstsein für Territorialität nur weiter verstärken.

soisserbrav.com/spaziergaenge

Wenn man vor dem Hund rausgeht, hat das laut Corinna im Übrigen nichts mit »Ich bin der Chef und der hat nun mal den Vortritt« zu tun, wie das oft suggeriert wird. Sondern es gibt dem Hund Sicherheit, weil der Mensch abcheckt, ob da draußen alles okay ist. Die Hundemama verlässt ja auch vor den Welpen die Höhle, weil sie die Erfahrenere ist und die Umgebung nach potentiellen Gefahren scannt.

Also versuchen wir nun, unseren Kontrolletti schon mal gar nicht in Situationen zu bringen, in denen er glaubt, übernehmen zu müssen, und bringen ihm bei, nicht alles, was sich außerhalb des Zaunes bewegt, zu verbellen, geschweige denn »Eindringlinge« – also Besucher – zu kontrollieren. Ich habe manchmal das Gefühl, Benji will durch sein Anspringen und das vorsichtige Knabbern an Besucherhänden förmlich nach ihren Ausweispapieren verlangen, um ihnen erst danach Zutritt zu gewähren.

Heute war ich mit meinen Vorbereitungen aber zu sehr unter Druck und dachte mir, einmal allein im Garten ist kein Mal – und mit Gabi und Lola hatte ich ohnehin in frühestens einer halben Stunde gerechnet. Ein böser Fehler, denn Benji schenkte der kleinen Hündin ordentlich ein, untermalt von lautem Gebelle und

Geknurre. Ich war echt überrascht, weil ich das in dieser Intensität nicht von ihm kenne.

Als ich unseren in Rage geratenen Hund von der Bulldogge gerissen hatte, schien diese allerdings gar nicht beeindruckt und sah Benji nur mit großen Kulleraugen an. Ich entschuldigte mich bei meiner Freundin und ergänzte noch, dass ich gar nicht wisse, was in Benji gefahren sei. Aber Gabi meinte nur, dass ihr das mit Lola leider öfter passieren würde und sie sich einfach nicht erklären könne, warum ihre geliebte Hündin, die andere Hunde schon aufgrund ihrer geringen Größe wohl kaum als Bedrohung wahrnehmen können, immer wieder aus dem Nichts attackiert würde.

Gott sei Dank nahm Gabi Benji sein Verhalten nicht krumm, sondern meinte nur zu ihm: »Du musst schön lieb sein zu meiner Lola, sonst gibt's keine Geschenke.« Mit diesen Worten zauberte sie, ehe ich es verhindern konnte, einen von diesen ungesunden Kauknochen aus ihrer Tasche und steckte ihn unserem bettelnden Hund ins Maul.

Es fehlte nicht viel und ich hätte etwas gesagt, denn ich war natürlich echt sauer, dass sie Benji einfach ungefragt etwas zu fressen gab. Noch dazu waren wir mit unserem Vierbeiner eigentlich schon sehr gut auf dem Kurs unterwegs, dass er von Fremden kein Futter bekommt – erst recht nicht fürs Anspringen.

Aber Gabi mit irgendwelchen Erziehungsmaßnahmen zu kommen, hätte nichts genützt, denn von denen hätte sie mit Sicherheit nichts hören wollen, obwohl ihre Lola Regeln und Grenzen dringend nötig hätte. Natürlich forderte ihre Hündin ebenfalls sofort ihren Knochen ein und bekam ihn nach drei kräftigen Sprüngen in Richtung Gabis Bauchraum auch. Es hätte vermutlich auch ein Sprung gereicht, aber Gabi hat eine dieser Riesentaschen, in denen sie ihren halben Hausrat transportiert, und so musste sie nach dem Ding ein wenig kramen.

Benji, der sich mit seinem Mitbringsel gleich in die hinterste Ecke des Wohnzimmers verkrümelt hatte, wurde aber nicht lange von Lola verschont. Nachdem die kleine Hündin ihren eigenen

Kauknochen in gefühlt drei Sekunden verputzt hatte, stellte sie sich unweit von Benji auf und beobachtete ihn, was ihm anscheinend gar nicht behagte. Ich hatte den Eindruck, dass er vor allem von ihrem röchelnden Atmen äußerst irritiert war. Die Arme bekommt nämlich leider durch ihre zuchtbedingt kurze Nase und die verengten Nasenlöcher kaum Luft. Gabi findet Lolas Schnarchen ja immer so wahnsinnig süß, aber offenbar ist ihr nicht klar, dass der Hund mit jedem Atemzug um Luft ringt.

Mein Gefühl in Bezug auf Benjis Irritation hatte mich nicht getäuscht, denn Katja, die auch öfter einen Mops sittet, hat mir heute Nachmittag erzählt, dass viele Hunde diese krankheitsbedingte Form des Atmens häufig als Knurren wahrnehmen. Außerdem gibt es auch Probleme mit der visuellen Kommunikation, weil zum einen die faltigen Gesichter kaum Mimik zulassen und zum anderen die herausquellenden Augen als Drohgeste wahrgenommen werden, was andere Hunde oft verunsichert.

Auch die anderen körperlichen Signale können Artgenossen irritieren. Die angeborene Stummelrute etwa wird vom Gegenüber als eingezogen wahrgenommen, also als Ausdruck von Angst verstanden, was wiederum völlig verwirren muss, wo doch der Rest des Körpers Drohgesten aussendet. Aufgrund dieser Missverständnisse gibt es dann häufig Konflikte mit solchen Hunden.

Höchstwahrscheinlich war all das der Grund für Benjis unangemessenes Verhalten heute.

Als unser Vierbeiner Lola schließlich von seinem Knochen wegknurrte, dachte ich erleichtert, sie hätte nun endlich verstanden, dass sie lieber auf Abstand gehen sollte. Aber die Idylle hielt nur kurz an, denn schon ließ sich die offenbar gelangweilte Lola das nächste Projekt einfallen und versuchte vehement, Benjis Spielzeugkiste zu öffnen, die ich seit Kurzem verschlossen halte, damit Benji nicht selbst an das Spielzeug rankommt.

Seit Corinna mir nahegelegt hat, diese für ihn sehr wichtigen Ressourcen besser nicht wie ein All-inclusive-Buffet zu seiner freien Verfügung rumliegen zu lassen, staple ich nun immer einige Decken auf der Truhe. Das hat sogar bei Harald Wirkung gezeigt, dem Benji nun nicht mehr ein von ihm angeschlepptes Spielzeug vor die Füße legen kann, das Herrchen brav im Autopilot-Modus aufhebt und für den Hund wirft. Wieder ein paar Entscheidungen weniger, die unser Vierbeiner nun zu treffen hat.

Lola war Zurückhaltung aber fremd und so schaffte sie es, mit ihrer Körpermasse die Kiste umzuschubsen, sodass alle Spielsachen nun quasi auf ihrem Tablett landeten. Langsam reichte es mir. Ich habe es in der Kindheit der Jungs schon nicht gemocht, wenn sie Freunde einluden, die nicht wirklich erzogen waren und alle Schubladen aufrissen, aus denen sie Dinge herauskramten, als wären sie zu Hause. Als ob Benji meinen Unmut gespürt hätte, schoss er aus seiner Ecke hervor und bügelte abermals ordentlich über Lola drüber.

Das war nun auch Gabi zu bunt, die plötzlich überfordert wirkte und Benji als Übeltäter sah. »Und ich dachte, der wäre nun erzogen«, murmelte sie, während sie Lola aus seinen Fängen riss und sie auf den Arm nahm, um sie zu trösten.

Ich war ebenfalls aufgesprungen, um den kleineren Hund zu schützen, und entschuldigte mich abermals für Benjis Verhalten, obwohl der ja nicht wirklich etwas dafür konnte. Vermutlich war er wie Leopold vor einigen Tagen aus Mangel an Alternativen einfach nach vorne geschossen. Aber Gabi hatte offenbar genug von den Attacken auf ihre Lola und flüchtete mit den Worten »Ich hoffe, ihr habt euren Hund bis zu meinem nächsten Besuch im Griff« mit ihrer Hündin ins Auto.

Ziemlich sauer, aber dennoch erleichtert ließ ich die Tür ins Schloss fallen. Benji blickte mich mit großen Augen an. Wenn er wie ein Mensch denken könnte, hätte er wahrscheinlich eine Standpauke befürchtet. Doch obwohl er sicher überreagiert hatte, konnte ich ihm kaum die Schuld für sein Verhalten geben.

Ehrlich gesagt tat mir Lola auch ein bisschen leid. Sichtlich unterfordert und völlig unerzogen machte sie einfach das, was solche Opfer falsch verstandener Freiheit eben tun: Sie werden immer frecher und oft auch aggressiver, um zu signalisieren, dass man ihnen endlich mal die Grenzen aufzeigen soll, innerhalb derer sie sich bewegen dürfen. Sie betteln geradezu darum, dass ihnen Herrchen oder Frauchen den Raum abstecken, in dem sie sich um nichts kümmern müssen, in dem sie nur Entscheidungen treffen dürfen und müssen, denen sie auch wirklich gewachsen sind.

Denn genau innerhalb dieser Grenzen kann die Freiheit ausgelebt werden, die sich viele Hundehalter für ihre Vierbeiner und Eltern für ihre Kinder wünschen, die sie ihnen aber fatalerweise zu geben glauben, indem sie gar keine Grenzen setzen und noch weniger Regeln aufstellen.

Mit ihrem Verhalten erinnerte Lola mich an Max' Freund Leo, der kein einfaches Kind ist, sich aber aufgrund der Regeln, die es bei uns einzuhalten gilt (auch von den Freunden der Kinder), hier immer bestens zu benehmen weiß. Gerade solche Kinder brauchen aus meiner Sicht klare Strukturen und Grenzen. Und seit mir Corinna dazu die Augen geöffnet hat, ist mir klar, dass es mit Hunden und ihrer Erziehung nicht anders ist.

Aber bevor Gabi ihre Lola mal erzieht und richtig versteht, werden noch viele Namen vertanzt und Bäume umarmt werden müssen ...

KAPITEL 7
DAS UNVERSTANDENE ENDE DER LEINE

HARALD, 22. NOVEMBER

Eigentlich dachte ich, dass Doris unseren Benji schon so richtig gut hinbekommen hätte. Denn in letzter Zeit hört er ja – zumindest im Haus – ganz gut. Die Zeiten, als er mir im Erdgeschoss hinterherlief und mich in die Sportschuhe biss, sind jedenfalls vorbei. Und auch die Katzen lässt er seit einigen Wochen in Ruhe. Dass das alles draußen noch so *gar nicht* klappt, war mir aber nicht klar, als ich beschloss, mit unserem Energiebündel mal wieder joggen zu gehen.

Ich hatte das mit Benji in den ersten Wochen nach seinem Einzug bei uns bereits versucht, da ich dachte, ich könne zwei Fliegen mit einer Klappe schlagen: Sport machen und dabei den Hund mitnehmen. Doch nachdem das im Chaos endete, weil Benji nur mit mir spielen wollte und immer wie wild an mir hochsprang, ließ ich es sein und trabte lieber allein durch die Botanik – sehr zu Doris' Leidwesen, die sich freuen würde, wenn ich auch mal was mit unserem Vierbeiner unternehmen würde.

Doch nun war ja einiges besser geworden und ich lief mit unserem »neuen« Hund die Straße entlang Richtung Feld. Plötzlich fiel mir auf, dass die Leckerlis, die Doris mir extra vorbereitet hatte, noch daheim auf dem Tisch lagen. Egal, ich hatte gar nicht verstanden, was das Getue mit den mittelguten und besonders guten Keksen überhaupt sollte, und war jetzt auch wirklich nicht in der Stimmung umzukehren, um die ganze Bestechungspalette zu holen. Und da der Hund ja ohnehin nur angeleint neben mir herrennen sollte, würde ich die sowieso nicht brauchen. Nahm ich an. Dachte ich. War ich sicher ...

Dabei hätte ich eigentlich schon beim Loslaufen wissen müssen, dass Frauen über die unangenehme Eigenschaft verfügen, (fast) immer recht zu haben. Doris zumindest. Sie hatte mich nämlich davor gewarnt, mit Benji joggen zu gehen. Er sei noch nicht so weit und mit Sicherheit würde er ab Verlassen des Hauses in einer Tour an der Leine ziehen. Aber ich hatte das nicht wirklich ernst genommen, denn Doris neigt zu Übertreibungen und war außerdem von Benjis »Party im Fasanenfeld« noch traumatisiert. *Papperlapapp*, sagte ich mir also, *wir Männer werden das schon hinbekommen.*

Nicht wirklich, wie sich relativ schnell zeigte.

Es begann bereits in unserer Straße: Alle paar Meter blieb Benji stehen, um sein Bein zu heben, drei Tröpfchen hier, fünf dort drüben, noch mal vier da vorne. *Nun gut*, dachte ich, *das müssen Rüden nun mal so machen und bald wird seine Blase ja bestimmt leer sein.* Eigentlich komisch, dass Hunde das kleine Geschäft nur portionsweise hinkriegen.

Wobei ... wenn ich mich recht erinnere, hat diese Intervall-Pinkelei erst angefangen, als er begann, beim kleinen Geschäft das Bein zu heben. Sehr eigenartig. Wie auch immer, die Ergebnisse meiner Laufstatistik-App konnte ich mir jedenfalls jetzt schon in die Haare schmieren. Aber bald wären wir aus dem verbauten Gebiet draußen und dann würde es so richtig losgehen.

Am Feld angelangt, besserten sich Benjis Laufambitionen jedoch nur bedingt: Er sauste nun, die Schnauze wie ein Staubsauger auf dem Boden, kreuz und quer über die Wiese, sodass ich zweimal fast einen Bauchplatscher wie ein orientierungslos gewordener Turmspringer hingelegt hätte. So machte das Laufen keinen Spaß und ich kramte in meinem Gedächtnis, ob ich zum besseren Gehen an der Leine schon mal irgendetwas gehört hatte, konnte mich aber beim besten Willen an nichts erinnern. Besser beim nächsten Mal die Ohren nicht auf Durchzug stellen, wenn Doris mir Hundeerziehungsvorträge hält.

Da mir dazu also nichts einfiel, besann ich mich auf die altbewährten Ausbildungsmethoden meines Onkels, der seinem Rex immer ein strenges »Fusss!« zurief. Doch irgendwie wollte das bei unserem Benji nicht funktionieren. Vielleicht ein anderer Trick aus seinem Unterordnungsrepertoire?

Die Leine. Genau. Ich ruckte also ein paar Mal daran, wie ich es bei Onkel Walter auf dem Schäferhundeplatz oft gesehen hatte, aber abgesehen von einigen kurzen Blicken zu mir brachte das auch nichts. Am Ende blieb mir nur die Idee, schneller zu laufen, was Benji offenbar gefiel. Endlich passte er sich an mein Tempo an. Oder ich mich wohl eher an seines ...

soisserbrav.com/leinenfuehrigkeit

Mit einem geschlechtsreifen Terrier konnte ich allerdings nicht lange mithalten, also wurde ich notgedrungen langsamer und Benji wieder zur Stolperfalle. *Alter Schwede,* dachte ich keuchend, *wie werde ich diesem Hund nur Herr?* Gar nicht, wollte mir Benji offenbar sagen, als er erneut vor lauter unbändiger Energie und Entdeckerlust an der Leine zerrte und ich durch den Schwung einen Haken schlagen musste, um nicht in einer Brennnesselstaude zu landen.

Nun reichte es. Ich sah als Lösung nur noch, die Verbindung zwischen ihm und mir zu kappen. Also blickte ich mich um, sah weit und breit weder Mensch noch Tier und nahm Benji die Leine ab. Klar hatte Doris mich davor eindringlich gewarnt, aber sie hat leicht reden, denn sie kennt den Hund ja nicht von Laufrunden, sondern nur von ihren Spaziergängen. Da bleibt man eben stehen, wenn Hund stehen bleibt, und geht weiter, wenn Hund sich wieder in Bewegung setzt. Aber beim Lauftraining? Nee!

Ich würde ihr einfach nichts davon erzählen und basta.

Erst nahm ich nämlich an, die Entscheidung, ihn frei laufen zu lassen, sei goldrichtig gewesen. Benji orientierte sich nun viel besser an mir als mit Leine, sah immer wieder auf und checkte ab, wo ich war, um anschließend seine Nase zu Boden zu senken und weiter zu schnüffeln.

Yesss, dachte ich, *Frauen – auch solche wie Doris – haben doch nicht immer recht.* Benji lief zwar ein paar Meter weiter vorne, drehte sich aber regelmäßig zu mir um. Bestimmt, weil er Angst hatte, ich würde ihn alleine zurücklassen. Ganze 35 Minuten konnte ich so rumkriegen, bis wir wieder auf dem Weg zurück nach Hause waren. Also reduzierte ich mein Tempo zu einem flotten Trott und rief unseren Hund zu mir, um ihn wieder anleinen zu können. Soweit der Plan, doch dann begann das Desaster.

Benji war zwar immer noch in Sicht und schaute sich auch immer wieder nach mir um, beschloss aber, als ich mich näherte, plötzlich abzudrehen und weiter fröhlich auf der großen Wiese herumzuspringen. Ich rief ihn – zuerst freundlich, dann laut und immer noch freundlich, dann schon ungehalten, bis ich schließlich am Ende des Spektrums bei wirklich ungeduldigem Brüllen angekommen war.

Und Benji? Der ignorierte meine Rufe, als hätte ihm grade jemand Wachs in die Ohren gegossen und zeigte mir sozusagen die ausgestreckte Mittelzehe. So ein Mist! Warum hatte ich nur die Leckerlis daheim vergessen?

Vielleicht wäre das ja alles nicht passiert, wenn meine liebe Frau bei den Erziehungsthemen nicht so sehr zur Übertreibung neigen und sich auf einige wenige, aber wesentliche Befehle konzentrieren würde. Ich verstehe ja, dass der Hund ein paar Regeln braucht, aber doch nicht so viele!

Er soll sein Spielzeug nicht zur freien Verfügung haben, darf Besucher nicht begrüßen, soll immer erst aus dem Auto hüpfen, wenn wir es sagen, und die unverständlichste Regel von allen: Er soll nicht alleine in den Garten gehen. Wozu all diese Einschränkungen für den armen Kerl? Der hat in seinem früheren Leben schon genug leiden müssen! Und bestimmt kann ein Zuviel an Regeln auch nach hinten losgehen. Den besten Beweis hatten wir ja jetzt.

Aber da kannst du diskutieren und argumentieren so viel du willst. Sie steigt von ihren Theorien nicht runter. Und vor allem kommt sie mir dann immer mit dem Vergleich zur Kindererziehung. Die Jungs würden auch Regeln, Grenzen und Struktur brauchen, da können wir auch nicht alles durchgehen lassen. Ob ich denn nicht sehen könne, wie gut unseren Kindern all die für sie unpopulären, aber zu ihrem Wohl nötigen Entscheidungen tun? Ja, klar sehe ich das, aber das sind *Kinder* und keine *Hunde!*

Außerdem brauch ich keinen Roboter, der immer und überall auf Knopfdruck funktioniert. Benji soll einfach nur ein familientauglicher Hund werden, der die wichtigsten Befehle gebacken kriegt. Er soll am Tisch nicht betteln, soll fremde Menschen nicht anspringen, soll nicht jagen und vor allem: WENN ICH IHN RUFE, SOLL ER KOMMEN! Dass das alles nur deshalb nicht funktioniert, weil ich ihn manchmal den Joghurtbecher auslecken oder ihn doch mal wieder zur Begrüßung an mir hochspringen lasse, halte ich für übertrieben.

Nun gut, noch war nicht alles verloren. Ich beschloss, mich unserem Vierbeiner auf leisen Sohlen zu nähern, um ihn vielleicht doch einfangen zu können, während der weiter im Zickzack auf der Wiese umherlief. Plötzlich sah ich meine Chance, denn er begann sich in einem riesigen Haufen zu wälzen. Der intensive Geruch, der mit entgegenwehte, verhieß nichts Gutes. Und wirklich: Es waren eindeutig die Hinterlassenschaften eines Tieres.

Doch auch wenn ich mich bei dem widerlichen Gestank bemühen musste, mein Mittagessen dort zu halten, wo es vor einer Stunde gelandet war, blieb mir nichts anderes übrig, als meinen Ekel zu überwinden, mich anzuschleichen und mich auf den sich in der Kacke wälzenden Hund zu stürzen, um ihn endlich zu erwischen. Der jedoch sprang leichtfüßig wie ein Reh von dem niedergedrückten Stück Gras hoch und es hätte nicht viel gefehlt und ich hätte selbst in der Sch**** gesessen.

Im übertragenen Sinn saß ich dort aber ohnehin schon längst, denn was Doris und die Kinder sagen würden, wenn ich ohne Benji heimkäme, konnte ich mir leicht ausrechnen. Noch dazu wurde es nun brenzlig, denn diese Energiekugel driftete immer mehr Richtung Straße ab. Jetzt wurde ich wirklich panisch und die Vorstellung, dass unserem geliebten Hund etwas passieren könnte, trieb meinen ohnehin schon am Limit liegenden Puls noch mal um mindestens 20 Schläge in die Höhe.

Plötzlich kam mir Katja mit drei Hunden entgegen. Ich wusste gar nicht, ob ich mich freuen oder schnell abhauen sollte. Denn einerseits hatte sie vielleicht eine Lösung, andererseits konnte ich meine Angelausrüstung drauf verwetten, dass Doris – egal wie die Geschichte endete – nun wirklich von meiner Misere erfahren würde. Dann würde sie mich unter Garantie mit zum Hundetraining schleppen, wo ich ja doch nur immer wieder hören würde, dass der Hund Regeln und Konsequenz bräuchte.

Katja hatte die Situation natürlich mit einem Blick erfasst und kam mit großen Schritten auf mich zu. Ich bilde mir ein, auch ein leichtes Kopfschütteln wahrgenommen zu haben. Vor lauter Wut begann ich Dinge wie »Ich dachte, der ist jetzt endlich erzogen« vor mich hinzufluchen, während der kalte Wind auf meine verschwitzte Laufkleidung peitschte und ich mich schon mit einer satten Erkältung im Bett liegen sah.

»Macht der Hund sich auf die Beine, nutzt man eine Schleppe-Leine!«, merkte Katja leicht zynisch an.

»Schleppleine« wollte ich fast schon korrigieren, erkannte aber schnell, dass ich eindeutig nicht in der Position war, Katja in diesem Augenblick zu belehren. So ein Ding hatte ich ohnehin schon mal mitgehabt, aber nachdem ich mich damit wie in einem Karl-May-Film marterpfahlartig um eine Laterne gewickelt und mir obendrein noch die Handinnenflächen verbrannt hatte, war sie für mich unterste Schublade. Und genau dort packte ich sie nach diesem Erlebnis auch für immer hin.

Zu meinem Glück hatte Katja ihre Hündin dabei, die, wie sie mir sagte, gerade am Ende ihrer Läufigkeit war, was Benji schlagartig abgecheckt haben musste. Er hetzte zu uns rüber und schnupperte wie paralysiert am Hinterteil der Hundedame. Wir versuchten natürlich sofort, bei dieser Beschnüffelungsaktion nach Benjis Halsband zu grapschen, der flinke Kerl wich uns jedoch gekonnt aus.

Eine zweite Chance bekamen wir aber nicht. Nachdem die Hündin für Liebesspiele doch nicht bereit war, drehte sie sich mehrmals von ihm weg, was Benji im Liebesrausch allerdings nicht zu bemerken schien. Daher prellte sie blitzartig nach vorne, verbellte ihren ungebetenen Verehrer und schlug mit ihren Zähnen stakkatoartig deutlich hörbar aufeinander. Das hatte gesessen.

Und zwar so, dass Benji nun auch keinen Grund mehr sah, in ihrer beziehungsweise unserer Nähe zu bleiben, und erneut den ersten Gang einlegte. Das war mein Startschuss. Katja rief mir noch zu, dass sie Doris anrufen würde, was mir natürlich gar nicht recht war. Doch ich hatte keine Zeit für lange Erklärungen und sprintete Benji hinterher, so schnell ich konnte.

Nach ein paar Minuten ging mir aber endgültig die Puste aus und ich konnte diesen Usain Bolt auf vier Beinen beim besten Willen nicht weiter verfolgen. Vollkommen verzweifelt überlegte ich mir eintausend Erklärungen für meine Familie, während ich frierend in Richtung Heimat trottete. Auf den letzten Metern wurde ich dann immer langsamer, denn mir graute vor dem Moment des Nachhausekommens.

Doch als ich am Gartentor ankam, traute ich meinen Augen nicht, denn dort erwartete mich unsere unfolgsame Rübe bereits freudig. Boah, die Last, die von meinen Schultern fiel, ist nur mit Tonnen zu beziffern und ich war einfach überglücklich, ihn zu sehen. Nicht so glücklich blickte allerdings meine Frau drein, die mich mit verschränkten Armen im Türstock empfing, wie man es aus einer dieser Fernsehserien kennt.

»Katja hat mir schon alles erzählt. Ich habe keine Energie mehr zu diskutieren. Zu Corinna gehe ich morgen sicher nicht alleine. Nach dieser Situation gerade eben möchte ich, dass du mitkommst. Gute Nacht«, erklärte sie verärgert, während ich den Kopf hängenließ und einfach nur nickte. Mir war klar, dass ich nicht in der Position war, eine Diskussion darüber anzufangen.

Ich habe zwar keine Zeit und erst recht keine Lust, eine Hundeschule zu besuchen, würde mir jetzt aber einfach alles aufhalsen lassen, so ein schlechtes Gewissen habe ich. Bisher habe ich mich wohl zu sehr auf Doris verlassen, denn ich vertraue ihr da voll. Sie macht das mit der Erziehung eben besser, hat da eher das richtige Bauchgefühl und ist auch ständig am Nachlesen und Recherchieren, was Kind und Hund brauchen. Also dachte ich, am besten überlasse ich das alles ihr. Und auch, wenn ich es mich nicht laut zu sagen trauen würde: Irgendwie ist und bleibt Erziehung bei aller Emanzipation ja doch Frauensache, denn das weibliche Geschlecht kann das einfach besser. Aber es hilft nichts, nun muss ich in Sachen Hundeerziehung wohl genauso ran.

Also Augen zu und durch.

BENJI, 22. NOVEMBER

Ich muss sagen, seit mir Frauchen genau zeigt, was sie von mir erwartet, und ich nicht mehr so viel alleine entscheiden muss, fühle ich mich um einiges wohler hier. Obwohl das am Anfang recht mühsam war und ich natürlich überprüft habe, ob all die neuen Regeln und das Übernehmen des Kommandos tatsächlich ihr Ernst sind. Man kann ja nie wissen, vielleicht hat sie's ja doch nicht so gemeint.

Meine Versuche, das ganz genau zu hinterfragen, indem ich meinen Menschen wie immer die Pfote aufgelegt oder sie unentwegt angesehen habe, sind jedoch kläglich gescheitert. Früher kam da einiges zurück: Spielen, Streicheln, ein Platz auf dem Sofa ... Aber jetzt merken sie nicht mal mehr, wenn ich was von ihnen will.

Wobei: Herrchen kauf ich das noch nicht ganz ab. Der schaut schon manchmal zu mir und setzt an, die Hand nach einem Spielzeug oder meinem Kopf auszustrecken, erinnert sich dann aber – zumindest, wenn Frauchen dabei ist – grade noch rechtzeitig und irgendwann wird's mir zu blöd und ich verzieh mich wieder in mein Körbchen.

Diese neue Strategie meiner Menschen zeigt sich auch, wenn Frauchen mich auf meinen Platz schickt, sobald dieser lästige Postbote klingelt. Früher bin ich da immer aufgesprungen und zur Tür gelaufen. Den musste ich einfach verbellen, weil der jeden Tag aufs Neue kam und mich damit provozierte!

Doch plötzlich streckte sie ganz eindeutig ihre Hand in Richtung Körbchen aus. Also ging ich augenrollend rein, versuchte aber natürlich gleich wieder aufzustehen, um mein ausgeklügeltes Postbotenprogramm abspielen zu können. Sie ließ jedoch nicht locker und hatte einfach den längeren Atem. Somit war klar: Auch *das* meint sie ernst!

Apropos Postbote: Der Typ nervt so unheimlich, der ist schlimmer als Balou, Lola und dieser doofe Leopold von nebenan zusammen. Jeden Tag, wenn ich nach meiner morgendlichen Pipirunde mit Frauchen zurück bin, bekomme ich ein wenig Futter in meine Schüssel. Den Großteil meines Frühstücks versteckt Frauchen ja seit Neuestem draußen und ich darf es beim Spazierengehen erschnüffeln – so was von spannend! Den Rest gibt's dann daheim.

soisserbrav.com/beschaeftigung

Jedenfalls kommt dieser Idiot immer pünktlich nach dem Fressen an, schleift sich mit seinem Moped in der Einfahrt ein und scheppert am Kasten neben der Tür. In der ersten Zeit war ich ja noch geduldig mit ihm. Nachdem aber klar wurde, dass ich für immer in diesem Haus bleibe, wollte ich meine Wachaufgaben erfüllen. Da kam mir so ein provokativer Typ, der sich hier jeden Tag am Gartentor zu schaffen macht, gerade recht, um ein Exempel zu statuieren.

Und mein Plan ging wunderbar auf, weil er sich nach ein paar ordentlichen Bellern jedes Mal schnell wieder verkrümelte. Manno, hatte ich da einen Spaß! Gefühle von Glück und Erfolg kamen damit quasi auf Abruf und meine Position als Sicherheitschef vom Dienst festigte sich von Tag zu Tag mehr. Bald hatte ich es im Übrigen gerafft, dass das auch bei anderen Menschen funktioniert, die an unserem Zaun entlanggehen – und das sind jeden Tag ganz schön viele.

Aber wie gesagt, seit Kurzem verklickert offenbar Frauchen dem Typen, er soll sich hier ja nicht reinwagen und regelt nun alles an der Tür und im Garten. Und ich muss sagen, es funktioniert bestens, denn niemand kommt unkontrolliert ins Haus. Ab und zu verirren sich natürlich schon ein paar bekannte Gesichter zu uns, die Frauchen aber offensichtlich unter Kontrolle hat. Insgesamt kann ich mich ab jetzt jedenfalls entspannen, denn Frauchen und manchmal auch Herrchen haben hier im Haus alles echt gut im Griff.

Draußen ist das aber alles noch nicht ganz so klar. Da muss – zumindest bei Herrchen – nach wie vor *ich* die Kontrolle übernehmen und die meisten Entscheidungen treffen. Also gab ich gleich mal das Tempo inklusive Stopps vor, als Herrchen heute endlich wieder mit mir laufen ging und markierte akribisch die Straße auf und ab. Ich verstehe einfach nicht, dass es ihn so gar nicht interessieren dürfte, wie herrlich es überall duftet. Er scheint immer nur auf meine Bereitschaft zum Weitergehen zu warten.

Na, wenigstens gesteht er mir zu, ganz viele meiner Duftnoten zu hinterlassen und wartet brav an jeder Laterne, bis ich den richtigen Strahlwinkel ausgewählt habe. Wie sonst soll ich diesem bescheuerten Balou und anderen Mitbewerbern klarmachen, dass *ich* in dieser Straße das Sagen habe? Und die schicke Ellie scheint sich auch schon für den heiß ersehnten Deckakt mit mir bereit zu machen, also hinterließ ich ein paar Pipi-Spuren an markanten Stellen, um sie bei ihrer Abendrunde darauf aufmerksam zu machen, dass es an mir nicht scheitern sollte.

Mit Frauchen geht das leider nicht mehr. Von einem Tag auf den anderen gönnt sie mir keine Ruhe mehr dafür, meine »Hier regiert Benji«-Schildchen in den Boden zu schlagen. Dabei wäre es mir doch sooo wichtig. Aber keine Chance – da krieg ich maximal zwei Gelegenheiten, meinem Drang nachzugeben und das war's. Dafür ist der Rest des Spaziergangs dann wieder spaßig und ich vergesse deshalb meist ohnehin, mich um solche Sachen zu kümmern. Darum nehme ich ihr das nicht ganz so krumm.

Auch mit Herrchen läuft es draußen schon ein wenig anders als noch vor einiger Zeit, weil er mir ja zumindest im Haus bereits gezeigt hat, dass er teilweise übernehmen kann. Also kann ich ihm nun auch draußen ein klein wenig mehr Freiraum gewähren.

Früher musste ich ihn für jeden zu schnellen Schritt zurechtweisen, indem ich an ihm hochsprang, sonst hätte ich ihn einfach nicht unter Kontrolle halten können. Denn damals war ich noch für *alles* zuständig, das heißt, ich musste mich draußen *und* drinnen um seine Sicherheit kümmern. Und wer sich im Haus schon wie ein erziehungsbedürftiger Welpe aufführt, der auf Schritt und Tritt begleitet und kontrolliert werden muss, der kann natürlich draußen nicht die Freigabe zur hemmungslosen Bewegung von mir erwarten. Aber durch das neue Regime daheim hatte ich das Gefühl, Herrchen sei nun draußen auch ein wenig mehr zuzutrauen, also gestand ich ihm heute ein bisschen »Freilauf« zu.

Apropos »Laufen«: Das ist auch ein Grund, warum ich manchmal lieber mit Herrchen unterwegs bin. Er hat wenigstens halbwegs mein Tempo. Mein Inneres drängt ja immer nach Traben – das ist für mich einfach die angenehmste Gangart. Und wenn Herrchen joggen geht, passt das vom Tempo her ganz gut. Frauchen schleicht jedoch wie die meisten Menschen durch die Gegend und dann bleibt mir nichts anderes übrig, als mich diesem Schneckentempo mit einer Gangart anzupassen, die einfach toooodlangweilig ist. Wenn doch nur der blöde Strick zwischen ihr und mir nicht wäre, könnte ich ja rumsprinten, wie ich will. Aber da ist bei ihr nichts zu machen ...

Heute war jedoch Gott sei Dank Herrchen am anderen Ende der Leine. Als wir Häuser und Straßen hinter uns gelassen hatten und am Feld angekommen waren, dachte ich, ich wäre im Paradies. Denn es gab wieder eine Riesenparty für meine Duftrezeptoren und ich schnüffelte wie verrückt. Es war einfach herrlich: jede Menge Gerüche anderer Tiere, Spuren von Konkurrenten und Hündinnen und einmal fand ich sogar einige Hasenköttel, ein wunderbarer Snack für zwischendurch – meine Zähne klapperten von dieser Geruchsekstase wie verrückt.

Doch lange konnte ich mich an all diesen Genüssen nicht erfreuen, denn plötzlich schnauzte mich Herrchen wie aus dem Nichts mit einem mir unbekannten Laut an. Hä? Was war los?

Dann ruckte er auch noch an meinem Halsband und bevor ich mich fragen konnte, was das sollte, ruckte er gleich noch mal und dann noch mal dran. Ich blickte total verunsichert zu Herrchen und war echt verdattert von der schlagartigen Gefühlswandlung meines Menschen. Was war denn in ihn gefahren und was wollte er von mir?

War offenbar nicht so wichtig, denn mit einem Mal begann Herrchen ein Tempo anzuschlagen, das wirklich Spaß machte. *Aber gerne doch*, dachte ich mir, *dann ab jetzt im höchsten Gang*. Leider dauerte es jedoch nicht lange und Herrchen drosselte das Tempo wieder auf seinen weniger spannenden Trab runter. Menno, gerade als es anfing, lustig zu werden.

Doch mir blieb gar keine Zeit, großartig traurig zu sein, da eine eindeutige Hasenspur meinen Weg und meine Gedanken kreuzte. Wow, das konnte ich mir nicht entgehen lassen. Schnell besann ich mich wieder auf die nicht zu hinterfragenden Dinge des Lebens und schnüffelte weiter am Boden, um Meister Lampe auf die Spur zu kommen. Offenbar war ich aber zu unvermittelt losgerannt, denn Herrchen machte einen Satz nach vorne wie einer dieser lustigen Frösche, die ich im Garten manchmal im hohen Gras aufspüre und die tatsächlich bis zur letzten Sekunde denken, sie könnten sich vor mir verstecken.

Alter, wenn doch diese doofe Leine nicht wäre! Doch als ob Herrchen Gedanken lesen könnte, machte es plötzlich »klick« und weg war das lästige Ding. Zunächst war ich ja fast überrumpelt von diesem neuen Gefühl, das ich einige Zeit nicht mehr hatte erleben dürfen. Was war nur in Herrchen gefahren? Ein kurzer Blick zu ihm, ob auch wirklich alles okay war. Alles gut – er wirkte sehr entspannt.

Nachdem ich mich dann noch ein paar Mal mit prüfenden Blicken vergewissert hatte, dass Herrchen noch da war und auch ohne meine Nähe klarkam, erweiterte ich meinen Radius.

Ganz aus den Augen verlieren durfte ich ihn nicht, er hatte bestimmt Angst, ich würde ihn alleine zurücklassen. An der Leine kann ich immer recht gut prüfen, ob meine Menschen noch da sind, indem ich mich so richtig reinhänge. So spüre ich durch den Zug der Leine ihre Anwesenheit, kann mich aber getrost den anderen Verlockungen des Lebens widmen. Jetzt, wo das Teil ab war, ging das nicht mehr so leicht. Also machte ich einen auf Fernaufklärer und checkte die Lage für uns an der Front, während ich mich immer gewissenhaft nach Herrchen umdrehte. Wunderbar, er war noch hinter mir. So ein Feiner!

Eine Zeit lang lief alles prima, bis er plötzlich nach mir rief. Mir schwante Böses, daher stellte ich einfach auf Durchzug. Denn mir war klar, was das hieß: Spaß vorbei und ab nach Hause. Ich war aber gerade mal warm von dem bisschen Getrotte, da konnte Herrchen doch unmöglich schon wieder umdrehen und die Sause für beendet erklären? Ne, sicher nicht, wann's wieder zurückgeht, bestimme ich.

Also lief ich einfach weiter, beobachtete Herrchen aus dem Augenwinkel und tat, was das Hundeherz begehrt: Ich genoss das Leben, sprang durch das kitzelnde Gras und schoss wie ein Flitzebogen von A nach B und wieder zurück. Vielleicht konnte ich Herrchen ja auch zu einem Rennspiel ... und da war er auch schon und lief mir schön hinterher, wie wir es im Garten immer geübt hatten.

Plötzlich stieg mir ein verdammt scharfer Geruch in die Nase und ich merkte schnell: Jackpot! Während ich vorhin im Vorbeilaufen nur ein paar Rehköttel wahrgenommen hatte, bot sich mir jetzt die absolute Krönung: Ein alter Haufen Pferdemist! Wie unwiderstehlich mich die Ladys mit so einem Abzeichen auf dem Revers finden, habe ich ja in letzter Zeit schon einige Male erleben dürfen. Aber auch Balou & Co. würde ich mit meinen »duftenden Eroberungen« mächtig beeindrucken.

Ein Blick zu Herrchen: Gut, der war noch weit genug weg. Schnell begann ich also meine besonderen Stellen einzuparfümieren und tauchte genüsslich in den bräunlich gefärbten Haufen. Erst streifte ich meine Wangen darin, um dann den Nacken – von beiden Seiten – intensiv daran zu reiben. Schließlich kam der hintere Teil des Rückens dran, den die Ladys ja auch ganz gern beschnüffeln, bevor sie sich weiter nach unten begeben ...

Als hätte ich sie damit tatsächlich angezogen, tauchte wie aus dem Nichts die scharfe Ellie mit zwei anderen Kollegen auf, die jedoch zu alt und langweilig für mich waren. Aber Ellie, meine Ellie ... Da musste ich die Gelegenheit natürlich gleich beim Schopf packen und überprüfte ihren Bereitschaftsstatus. Ich meine, besser zurechtgemacht hätte ich für diese Chance nicht sein können.

Mmmmmh, frohlockte ich, intensiv an ihrem Hinterteil schnüffelnd, *von mir aus kann's losgehen*, und testete mit einer aufgelegten Pfote ihre Bereitschaft fürs Liebesspiel. Dass die Süße doch noch nicht so weit war, erfuhr ich auf die harte Tour, als sie mir ganz deutlich mit all ihren weißen Waffen drohte. *Okay, okay, dann halt nicht,* dachte ich. Das hätte sie ja auch gleich sagen können.

Bevor Herrchen mich aber wieder fangen konnte, setzte ich erneut zum Laufspiel an und sprintete zu einer Stelle, an der Ellie zuvor ein paar ihrer wunderbar duftenden Tröpfchen verteilt hatte. Da musste ich natürlich sofort drüber markieren. Zum einen wollte ich dort zur Sicherheit schon mal meine Visitenkarte hinterlegen, falls Ellie an dieser Stelle noch mal vorbeikommt und sich's anders überlegt hat. Und zum anderen sollte meine Duftnote den anderen Rüden zeigen, dass ich bei sexy Miss Ellie der erste in der Warteschlange bin. Leicht war das nicht, aber mit ein wenig Mühe schaffte ich doch noch ein paar Tropfen.

So, nun konnte es heimgehen. Ein Blick zu Herrchen. Gut, er war mir schön brav auf den Fersen. Aber so ein kleiner Fitness-Contest zum Abschluss unseres geilen Nachmittags war noch drin – um ihm zu zeigen, dass ich der ausdauerndere Rüde in unserem Rudel bin. Also rannte ich los – wohin ich musste, war ja klar. Herrchen würde die letzten paar Meter ohne mich heimfinden, da war ich sicher.

Als ich in unsere Straße einbog und auf unseren Garten zulief, sah ich aus der Ferne schon den krönenden Abschluss des Tages:

Frauchen wartete bereits mit Leberwurst aus der Tube an der offenen Tür auf mich. Kann sie etwa hellsehen? Gierig leckte ich daran, was das Zeug hielt, und bald war das Ding leer. Kurz darauf kam auch Herrchen angelaufen und ich schwänzelte ihm angesichts meiner schnelleren Laufleistung triumphierend entgegen, leckte ihm aber zum Trost mit meiner Leberwurst-verschmierten Schnute übers Maul.

So sehen Sieger aus, shalalalala.

KAPITEL 8
WAS HERRCHEN NICHT LERNT, LERNT HUND NIMMERMEHR …

DORIS, 23. NOVEMBER

Heute stand unsere Trainingsstunde bei Corinna auf dem Programm und ich war sehr gespannt, ob und wie Harald sich einbringen würde. In der Stunde vor dem Wegfahren war ich ziemlich angespannt, da ich fürchtete, Harald würde jede Minute mit einer Ausrede ums Eck kommen, warum er doch nicht mitkommen könnte.

Aber er hatte wohl gespürt, wie geladen ich vom gestrigen Vorfall noch war, und meinte beim Einsteigen sogar gut gelaunt, er sei neugierig, was uns nun erwarten würde. Sein Stimmungswandel war mir zwar ein Rätsel, aber ich hinterfragte ihn nicht, sondern atmete durch und freute mich auf die vor uns liegende Stunde. Blieb nur zu hoffen, dass sich mein lieber Mann auch wirklich aktiv ins Training einbringen und nicht in Gedanken seinen nächsten Jour fixe in der Firma durchgehen würde, während Corinna etwas Wichtiges erklärt.

Auf der Trainingswiese angekommen, ließ ich Harald das gestrige Fiasko erst mal selbst schildern. Doch so optimistisch ich beim Wegfahren aufgrund Haralds guter Laune noch gewesen war, so sehr begann ich nach seinen ersten Sätzen innerlich zu kochen. Denn er stellte die Geschichte völlig anders dar und ich musste mich wirklich am Riemen reißen, ihm nicht bei jedem zweiten Satz ins Wort zu fallen.

Endgültig platzte mir der Kragen aber, als er am Ende tatsächlich so tat, als wollte er nur wissen, wie man dieses lästige Ziehen an der Leine wegbekommen könnte, womit er im Grunde Benji die Schuld an der ganzen Geschichte gab.

Gerade als ich Luft holen wollte, um meinem seit 20 Stunden zurückgehaltenen Frust freien Lauf zu lassen, holte Corinna aus: »Harald ...«, begann sie. »Ich kenne Benji und eure Situation jetzt ja schon ein bisschen durch die letzten Einheiten mit Doris. Ich finde es auch wirklich toll, dass du heute dabei bist und so deine Mitverantwortung für die Erziehung von Benji zeigst. Ich muss dir aber leider sagen, dass Hundeerziehung nicht über ein paar Tricks funktioniert, sondern vielmehr mit Beziehung zu tun hat. Und die aufzubauen, braucht Zeit, das ist ein Prozess.«

Ein Hauch von Enttäuschung huschte über Haralds Gesicht, weil ihm scheinbar endgültig klar wurde, dass es nicht drei Kniffe sind, mit denen man Hunde erzieht.

»Und was dir auch bewusst sein muss, ist, dass euer Vierbeiner eine klare Linie braucht. Du kannst ihm nicht ständig alles durchgehen lassen, denn dann hat der Hund keinen Grund, sich an dir zu orientieren und keine Motivation, dir das Ruder zu überlassen. Wenn du dann in bestimmten Situationen Ansagen machst, die der Hund plötzlich befolgen soll, kann das nicht klappen. Deine beiden Jungs würden von dir auch keine Aufforderung zum Schlafengehen oder Lernen für Klassenarbeiten akzeptieren, wenn du dich sonst nie mit Klarheit und Regeln bei ihnen bemerkbar machst, also dich einfach nie spürbar um ihre Erziehung kümmerst.«

Autsch, das hatte gesessen, denn genau das ist auch einer der Punkte, über die Harald und ich beim Thema Kindererziehung immer wieder diskutieren. Vor allem Max, der eine Extraportion deutliche Ansagen braucht, ist ständig Diskussionsthema zwischen uns, weil Harald viel zu lax ist, keinen Klartext mit ihm redet und einfach nur rumschreit, wenn es ihm dann doch mal zu viel wird.

»Du willst wissen, wie du Benji leinenführig machst?«, unterbrach Corinna meine Gedanken. »Dann solltest du erst mal hinterfragen, warum er dauernd zieht und von dir weg will, wenn du ihn führst.«

Fragezeichen in den Augen meines Mannes.

soisserbrav.com/leinenfuehrigkeit

»Hunde ziehen aus den verschiedensten Gründen«, fuhr Corinna fort. »Sie können zum Beispiel unbedingt zu einer Stelle wollen, an der ein potenzieller Sexualpartner markiert hat. Oder sie wollen mit einer Duftnote ihr Territorium abstecken, Wildspuren verfolgen, vorneweg den Head-Security spielen, der hektisch die Gegend nach Gefahren abscannt, oder sie haben schlicht nicht gelernt, was man mit diesem lästigen Leinen-Ding eigentlich von ihnen will.

Dass Benji den ganzen Hinweg über markiert hat, hast du zugelassen und ihm damit den Freibrief zum Ziehen gegeben. Er hat gelernt, dass er bei Herrchen seine Blase in viele kleine Portionen einteilen darf, um in eurer Straße ordentlich aufzutrumpfen.

Dabei würde es vollkommen reichen, wenn du ihn an einer für ihn strategisch unwichtigen Stelle, also an einem Platz, an dem kaum Hunde vorbeikommen, einmal lösen, sprich pinkeln lässt, und danach entschlossen weitergehst.

Dabei geht es nicht darum, Stärke oder Macht auszuspielen, sondern darum, Benji durch deine klaren Vorgaben Sicherheit zu geben. Er muss dann gar nicht nachdenken, wann und wo die nächste Entscheidung zu treffen ist.«

Corinna bemerkte Haralds skeptischen Blick und fasste daher nochmals zusammen: »Glaub mir, der Hund spürt deine Bestimmtheit, er fühlt deine Überzeugtheit, dass die Dinge nun mal so laufen müssen, wie du das vorgibst. Und sobald das für ihn klar ist, schaltet er in den Modus ›Ja wunderbar, dann lauf ich neben Herrchen her und orientiere mich an dem, was er macht‹. Und nicht umgekehrt.«

»Das erinnert mich an Haralds ehemaligen Chef, Helmut Klosing«, sagte ich zu Corinna. »Der war zwar ein netter Kerl, hat aber immer alles gemacht, was seine Mitarbeiter verlangt haben. So hat er selbst seine Führungsqualitäten untergraben. Harald fand es zwar nett, nach Feierabend mit Helmut auf ein Bier zu gehen, hätte es aber für die Arbeit besser gefunden, wenn er zwischendurch mal klare Ansagen gemacht und auch ab und zu Nein gesagt hätte«, erzählte ich Corinna. »So wie du mir das erzählt hast, hat dich und deine Kollegen diese nachgiebige Haltung irgendwie verunsichert«, wandte ich mich Harald zu.

»Und das Ende vom Lied war dann ja auch, dass Helmut von einem Kollegen ersetzt wurde, der im Sinne der Firma auch mal unpopuläre Entscheidungen getroffen hat. Aber unterm Strich habt ihr euch alle bei ihm wohler gefühlt.«

Corinna nickte zustimmend und brachte noch ein Beispiel: »Als du deine Kinder früher an die Hand genommen hast, um sie über die Straße zu führen, hast du ihnen mit deiner Bestimmtheit signalisiert: ›Ich bin für euch da und sorge für Sicherheit. Wenn wir die Straße überquert haben, checke ich noch schnell, ob keine weiteren

Gefahren bestehen – dann dürft ihr alleine weiter laufen.‹ Und bei Hunden ist das nicht anders. Sie müssen in unserer zivilisierten Welt zurechtkommen.

Außerdem leben sie in der Natur in Rudeln zusammen, in denen die erfahrenen Hunde die Führung übernehmen. Wollten sie alles allein entscheiden, wären sie Einzelgänger und keine Rudeltiere. Alleine für alles zuständig zu sein, kann Hunde ziemlich stressen.«

Leichtes Nicken bei Harald.

»Genau aus dieser Verunsicherung heraus entstehen oft Aggressionen. Weil der Hund heillos überlastet ist mit all den Entscheidungen, die er fällen soll. Du wirst es vielleicht von dir selbst kennen, wenn dein Chef mit einem Auftrag kommt, der dir eine Nummer zu groß ist oder für den du viel zu wenig Zeit hast. Dann bist du auch schnell mal an deinen Grenzen und fängst wahrscheinlich an, deine Umgebung anzuschnauzen, weil du einfach nur noch gereizt bist.

Aber jetzt zurück zu dir und Benji: Wenn du ihm mit deiner Entschlossenheit signalisierst, dass *du* den Weg und das Tempo vorgibst, kannst du die Leine als verlängerte Hand betrachten, wie damals bei deinen Kindern. Klar wird er am Anfang immer wieder zu markieren versuchen, aber wenn du standhaft bleibst und weitergehst oder -läufst, vermittelst du ihm, dass er sich an *dir* orientieren soll und nicht umgekehrt.«

Ich wusste, dass Harald sich gleich danach erkundigen würde, wann Benji denn dann »Zeitung lesen«, also schnüffeln, dürfte, weil er das bei mir auch immer zur Diskussion stellt. Und so war es auch. Corinna erklärte ihm dazu, dass er Benji an ein paar Stellen vorgeben könnte, dass nun geschnüffelt werden darf. Es gehe einfach wieder darum, wer die Entscheidung trifft.

Mit jeder Minute, die verging, schien Harald immer mehr Aha-Momente zu erleben. Wie viel es ausmachte, diese Dinge mal nicht aus meinem Mund zu hören, während man vor dem aufgeschlagenen Sportteil sitzt und nur »mhm« murmelt!

»Dass Benji am Ende nicht rückrufbar war, ist im Prinzip nur das Ergebnis der vielen Entscheidungen, die du deinen Hund vorher schon hast treffen lassen. Wenn er bereits 238 Mal gelernt hat, dass er alles vorgibt, wird er auch Entscheidung 239 treffen, das heißt also, deinem Wunsch nach dem Herkommen ebenfalls nicht nachgeben.«

Ich konnte förmlich hören, wie es in Haralds Kopf ratterte und musste innerlich lächeln, als ich merkte, dass ich fast das »Ping« einer Registrierkasse am Ende des Additionsprozesses erwartet hatte. Denn mein lieber Mann schien das alles jetzt echt verstanden zu haben.

»Okay, das macht Sinn!«, sagte er verlegen lächelnd und warf mir einen kurzen Blick zu, der wohl sagen sollte: »Sorry, ich gelobe Besserung!«

Dabei waren wir ja seit Kurzem schon auf einem relativ guten Weg gewesen. Doch dann hatte ihn der Alltag wieder eingeholt, die Motivation, erzieherisch auf Benji einzuwirken, war gesunken und schließlich verfallen wie die Zehnerkarte im neuen Cross-Fit-Studio. Außerdem hatte Harald sich mit seinem »Den Hund erzieht man nach Gefühl« offenbar maßlos überschätzt.

Doch Corinna sprach schon wieder weiter: »Das Ziehen am Feld zeigt er eher aus jagdlicher Motivation. Er hat seine Nase zum Schnüffeln eingesetzt, um seinen natürlichen Antrieben nachzugehen und weil er ja vorher gelernt hat, dass du ihm das erlaubst – was ja prinzipiell okay wäre, wenn er rückrufbar wäre.

Die Idee, dein Tempo zu beschleunigen, war gut, weil Benji damit keine Zeit mehr hatte, sich um anderes zu kümmern. Er sieht dann das Laufen als Aufgabe und kommt vermutlich in einen besseren Laufrhythmus. Hunde nutzen tendenziell Trab als Grundgangart. Wenn du eher langsam joggst, ist es schon mal so, dass sie zwischen Schritt und Trab wechseln müssen und so nie in eine Balance kommen. Mir ist aber auch völlig klar, dass das Halten seines schnellen Trabs oder Galopps für einen Durchschnittsläufer auf Dauer nicht zu schaffen ist.«

Mir war nicht entgangen, dass Harald beim »Durchschnittsläufer« kurz zusammengezuckt war. Trotzdem fragte er: »Und du denkst, er würde sich von mir das Tempo vorgeben lassen, obwohl ihm eigentlich nach Vollgas ist?«

»Benji ist vor allem nach einem: Teil eines gut funktionierenden Rudels zu sein. Und das ist der Fall, wenn sich euer Hund sicher fühlt, weil er sich an dir orientieren kann. Alles andere ist für ihn zweitrangig.«

Obwohl Harald bis jetzt wirklich gespannt zugehört hatte und sich seine Stimmung von Minute zu Minute besserte – offenbar, weil er nun sah, dass Benji theoretisch recht einfach in den Griff zu bekommen sein würde –, hatte ich das Gefühl, dass es nun bald mal zum praktischen Teil des Trainings kommen müsste. Mein Mann verträgt nur ein gewisses Maß an Erklärungen, dann will er loslegen und wird zappelig.

Als ob Corinna das gespürt hätte, fuhr sie fort: »Zum Rückruf möchte ich gleich einige Übungen mit dir machen. Aber vorweg will ich dir noch kurz die vier wichtigsten ›Grundgesetze‹ zum Rückruftraining erklären.«

Ich genoss es richtig, das Geschehen einmal von außen zu beobachten, obwohl ich natürlich wusste, dass auch ich noch sehr viel lernen muss. Dennoch entspannte mich die Tatsache, nun zum ersten Mal auch Harald in Sachen Erziehung aktiv beteiligt zu sehen. Und das Schöne war: Es schien ihm Spaß zu machen.

»Ein konstanter Begleiter im Zusammenleben mit Benji muss in den ersten Trainingsmonaten eine absolute Jackpot-Belohnung sein. Doris hat sich ja schon mit Leberwursttuben eingedeckt, die sind beispielsweise eine gute Option. Aber auch Nassfutter in einer Tüte mitgebracht, Harzer Käse oder Thunfisch sind echte Highlights für Hunde«, erklärte Corinna.

Ich musste schmunzeln, weil mir dabei unweigerlich einfiel, wie ich Harald vor ein paar Wochen gerade noch davon abhalten konnte, die für Benji bestimmte Hunde-Leberwurst versehentlich auf sein Brot zu schmieren.

»Um für das allerwichtigste Signal, nämlich den Rückruf, wirklich würdig belohnt zu werden, braucht Benji einen echten Highlight-Leckerbissen, für den es sich auch auszahlt zu kommen«, erklärte Corinna. »Nicht einfach nur einen Tätschler auf den Kopf oder ein paar trockene Kekse.

Du würdest es schließlich auch nicht toll finden, wenn dein Vorgesetzter sich nach einem anstrengenden Arbeitsmonat nur mit einem feuchten Händedruck bedankt. Warum solltest du also von deinem Hund Höchstleistungen zum ›Billiglohn‹ erwarten, wo da draußen noch viel attraktivere Reize wie spannende Hündinnen oder rumflitzende Hasen auf ihn warten?«

Ich war froh, dass Corinna die Sinnhaftigkeit der Leckerlis endlich aufgeklärt hatte, denn Harald wehrt sich immer gegen diese »Bestechungsmethoden«, schiebt dann Benji aber zu den ungünstigsten Gelegenheiten was Leckeres ins Maul. Beispielsweise, wenn er sich in der Küche ein Brot schmiert und Benji danach giert.

»Jetzt kommt die zweite wichtige Regel: Du brauchst ein Wort, das dann auch mit seinem Kommen verknüpft wird. Sprichst du dieses am Anfang der Trainingsphase aus, wenn Benji auch wirklich zurückkommt, verknüpft er sein Handeln mit diesem Wort und der Highlight-Belohnung. Dafür lockst du ihn einladend zu dir, gehst dafür am besten ein bisschen rückwärts und klatschst in die Hände. Und erst wenn du wirklich sicher bist, dass er kommt, sprichst du dieses *eine* Wort aus.

Das kann zum Beispiel ›Hier‹ sein, aber eben nicht einmal ›Hier‹, dann wieder ›Hierher‹ und beim dritten Mal ›Kommst du wohl her‹. Im Grunde ist es auch ganz egal, welches Wort du verwendest. Du kannst auch jedes Mal ›Gummiente‹ oder ›Thermoskanne‹ rufen. Wichtig ist nur, dass du konsequent bei diesem *einen* Ausdruck bleibst. Und sobald er das Wort sicher mit dem Zurückkommen verknüpft, sprichst du es *zuerst* aus, denn das ist ja der eigentliche Sinn des Rückrufsignals.

Die dritte goldene Regel des Rückrufs ist es sicherzustellen, dass euer Benji jedes Mal kommt, wenn du ihn dazu aufforderst. Das bedeutet für den Anfang, dass du ihn auch nur rufen solltest, wenn du realistische Chancen hast, ein Zurückkommen zu erreichen. Für die nächste Zeit heißt das, ihn nur zu rufen, wenn er gerade nichts Spannendes in der Nase hat, mit einem Hund tobt oder lauthals seinen Feind anschnauzt.

Natürlich muss das Ziel sein, ihn auch aus solchen Situationen herausrufen zu können, aber erst mal muss sichergestellt werden, dass er hundertprozentig weiß, was man mit ›Hier‹ oder eben ›Gummiente‹ von ihm will. Und dann macht man das in kleinen Schritten schwieriger.

Für die wenigen Situationen, in denen du doch versuchst, ihn zu rufen, ihn aber nicht zum Kommen bewegen kannst, gibt es ein praktisches Hilfsmittel: die Schleppleine.«

Ich sah Harald mit den Augen rollen – beim Thema Schleppleine konnte er sein Missfallen nicht verbergen.

»Ich weiß«, lenkte Corinna, die Harald seine Skepsis ansah, gleich ein. »Schleppleinen sind ein wenig umständlich im Handling und auch ich habe mir schon zweimal Scheuer-Verbrennungen damit zugezogen. Aber erstens ist das Ziel ja ohnehin, die irgendwann mal weglassen zu können, denn je konsequenter du sie jetzt verwendest, desto weniger wirst du sie langfristig brauchen. Und zweitens kommt dir die Jahreszeit entgegen, denn so kalt, wie es momentan ist, kannst du Handschuhe tragen. Glaub mir, der Aufwand lohnt sich.«

»Aber wäre dafür so eine Ausziehleine nicht viel praktischer?«, wollte Harald wissen, der sich vermutlich schon in eine Schleppleine gewickelt, von Benji geschleift über den eisigen Feldweg poltern sah. »Damit hat der Hund einiges an Bewegungsfreiheit und sobald ich den Knopf drücke, kann ich ihn stoppen.«

»Nicht wirklich«, antwortete Corinna, »das sieht nur vordergründig so aus. Stell dir mal vor, Benji hat die ganze Leine schon abgespult, ist also sieben oder acht Meter von dir weg, und plötzlich sieht er einen Hasen und will ihm nach. Wie bekommst du ihn dann zu dir? Der Einrollmechanismus ist viel zu schwach dafür, wenn er vorne dagegen zieht.

Also würde dir nichts anderes übrig bleiben, als mit deinen Händen die Leine zu greifen und zu versuchen, deinen Vierbeiner zu dir zu zerren. Und versprochen: Das tust du nur einmal im Leben. Diese Leinen sind nämlich so dünn und haben auch keinerlei Grip, dass du dir noch leichter Verbrennungen holst als mit der Schleppleine.

Außerdem bin ich eine Gegnerin der Ausziehleine, weil der Hund damit ständig auf Zug läuft. Das heißt, er lernt, dass er nur mit Ziehen weiterkommt. Das liegt nun mal in der Natur dieser Leine. Ist ein Hund aber angeleint, sollte die Leine – egal, in welcher Distanz sich das Tier befindet – immer durchhängend sein, damit er eben nicht lernt, dass Ziehen ihn weiter bringt.

Für mich ist das Betätigen des Knopfes einer Ausziehleine – und sei mir jetzt nicht böse, wenn ich das so direkt sage – nichts anderes als der Versuch, sich die Erziehung des Hundes zu ersparen. Das erinnert mich immer an Mütter, die ihre Kinder den ganzen Tag am Handy oder auf den Controllern von Videospielen rumklopfen lassen, damit sie sie nicht beschäftigen und sich auch nicht um sie kümmern müssen.«

»Wenn du das sagst ...«, sagte Harald verlegen lächelnd und ich fragte mich nicht zum ersten Mal, warum wir Menschen von Fremden viel eher einen Rat annehmen als vom eigenen Partner.

»Die vierte Regel ist, den Rückruf mit Benji konsequent zu trainieren. Dazu musst du sozusagen mit Trockentraining anfangen. Das heißt, du übst das zuerst mal im Garten, und zwar so lange, bis du das Gefühl hast, das sitzt in diesem begrenzten Bereich richtig gut und Benji kommt bei jedem ›HIER‹ angaloppiert. Dann weitest du den Radius aus und trainierst den Rückruf auch bei Spaziergängen. Aber nicht in Situationen, in denen du den Hund tatsächlich zu dir rufen willst oder musst, sondern auch hier wiederum einfach zu reinen Übungszwecken.

Du schickst ihn in den Freilauf, wartest kurz ab, rufst ihn, schickst ihn wieder weg, rufst ihn wieder und so weiter, einfach um ihm zu zeigen, wie toll es ist, nur kurz herzukommen, sich eine fette

Belohnung abzuholen, um dann gleich wieder weiterziehen zu dürfen. Dieses Wort des Rückrufs muss sich total in Benjis Gehirn einbrennen. Es muss automatisiert werden wie ein Reflex. Sobald der Hund das Wort hört, muss es so sein, als würde jemand bei ihm einen Schalter umlegen, und er hinterfragt gar nichts mehr, sondern kommt, weil er darauf konditioniert wurde.

Noch mal: Es geht hier nicht um Machtspielchen, es geht ausschließlich darum, ihm auf euren Spaziergängen mehr Freiheiten gewähren zu können, damit er in absehbarer Zeit ohne Leine laufen kann.«

Corinna wusste schon, mit welchen Argumenten sie Harald kriegen würde.

»Das Problem an eurem gestrigen Vorfall war unter anderem, dass Benji genau wusste, dass nach seinem Kommen der Spaß vorbei ist, er angeleint wird und es dann langweilig nach Hause geht. Die Menschen rufen ihre Hunde ganz häufig nur in solchen Situationen, wenn das Spiel quasi zu Ende ist. Ich als Hund würde da auch nicht kommen wollen. Deshalb muss es beim Kommen vorerst immer wieder mal was Spannendes wie ein tolles Spiel oder eine Highlight-Belohnung geben.«

Harald gingen augenscheinlich noch mehr Lichter auf, ich erkannte aber auch, dass er nun wirklich am Ende seiner Aufmerksamkeitsspanne angekommen war. Synchron dazu fing unser Vierbeiner zu fiepen an und wollte eindeutig unsere Zuwendung, weil er gelangweilt war. Harald, der diese Unruhe kaum aushalten konnte, fing natürlich prompt an, Benji zu rügen, indem er immer wieder ein vermeintlich strenges »Aus« an unseren Hund richtete. Der zeigte sich jedoch davon so gar nicht beeindruckt.

Ich will ja nicht sagen, dass mich Benjis Lautäußerungen nicht auch nervten, hatte aber das Gefühl, dass es falsch wäre, darauf einzusteigen.

Und tatsächlich sagte Corinna: »Hier zu reagieren, zeigt eurem Hund nur, dass er Aufmerksamkeit bekommt, wenn er unruhig wird und winselt. Er ist jetzt geschlagene 25 Minuten brav hier rumgehangen und wurde für dieses ruhige Verhalten in keinster Weise positiv bestätigt.

Das ist leider ein Fehler, den wir oft machen: Wir reagieren auf unerwünschtes Verhalten, nehmen aber erwünschtes Verhalten kaum wahr und belohnen es nicht. Eigentlich hätte sich Benji schon längst ein Goodie fürs lange Ruhigbleiben verdient. Aber der Mensch wird erst aktiv, wenn der Hund Quatsch macht und er lernt dadurch, dass sich das auszahlt. ›Belohnung‹ kommt von ›lohnen‹. Ob du ihn jetzt anmaulst oder das nett sagst, spielt keine Rolle. Hauptsache er bekommt Feedback. Verstehst du, was ich meine?«

Harald nickte wieder. Offenbar war es ihm unangenehm, falsch reagiert zu haben. Ich hoffte, dass ihm jetzt seine Motivation nicht wieder genommen worden war.

Aber Corinna spannte Harald sofort wieder ein, denn nun ging es darum, die Theorie in die Praxis umzusetzen. Dazu bat sie Harald, die Schleppleine an Benjis Geschirr festzumachen, während sie aus ihrem Schuppen eine Kiste mit ein bisschen Equipment holte. Dann zeigte sie uns, wie der richtige Rückruf trainiert wird.

soisserbrav.com/rueckruf

Ich war begeistert, wie gut Benji reagierte und auch Harald erwies sich als erstaunlich lernfähig.

Corinna bestand allerdings darauf – wie damals bei mir auch –, dass Harald die Leberwursttube, die ich ihm vorher gegeben hatte, in seiner Tasche ließ und sie erst herausholte, wenn Benji auf sein Locken hin gekommen war. Das fiel ihm sichtlich schwer, denn von früher war er es gewohnt, den Hund nur mit Futter überzeugen zu können, das er bereits in der Hand hielt. Und unser Schlaumeier hatte das natürlich rasch abgecheckt und dadurch gelernt, dass das Leckerli zuerst sichtbar sein muss, bevor er sich bequemt, irgendwas zu tun.

Harald wurde durch Corinnas Erklärungen aber schnell bewusst, wie unsinnig es ist, Benji immer erst vortäuschen zu müssen, etwas in der Hand zu haben, um den Hund überzeugen zu können, dass er kommen soll. *Das* wäre nämlich echte Bestechung!

Insgesamt klappte das Rückruftraining richtig gut und Harald wirkte motiviert und zeigte seine Freude auch. Unter anderem, indem er Benji ordentlich am Kopf abklopfte. Corinna fiel dabei auf, dass unser Hund sich duckte und die Augen zusammenkniff.

»Schau mal«, erklärte sie Harald. »Ist dir aufgefallen, dass er seinen Kopf senkt, wenn du ihn streichelst? Das ist für ihn in diesem Moment keine würdige Belohnung, er erwartet eigentlich sein tolles Leckerli, bekommt aber im übertragenen Sinne nur ein paar Wangenkniffe dafür. Das passt jetzt einfach nicht in seinen Kontext. Er zeigt das auch durch das mehrmalige Lecken über seine Schnauze. Eine klassische Übersprunghandlung bei Hunden, wenn sie sich in einer Situation nicht wohlfühlen und durch eine Ersatzhandlung selbst beruhigen wollen.«

soisserbrav.com/koerpersprache

Als Corinna die Fragezeichen in Haralds Augen sah, erklärte sie, dass Übersprunghandlungen Aktionen seien, die Hunde setzen, wenn sie unter Stress stehen oder unsicher sind. Dazu gehören zum

Beispiel auch Kratzen, Gähnen oder sich Schütteln. »Auch wir Menschen neigen zu derartigen Handlungen, um Unsicherheiten zu überdecken. Ein typisches Beispiel dafür ist, sich am Kopf zu kratzen, kurz mal am Wasserglas zu nippen oder einen imaginären Fussel von der Kleidung zu zupfen.«

Ich hatte das alles schon mal von Corinna gehört, musste aber feststellen, dass mir das mit Benjis Zunge gar nicht aufgefallen war. Was meine Beobachtungsgabe anbelangt, war also auch noch viel Luft nach oben.

Nach dieser Übung lobte Corinna Harald für sein tolles Gefühl und Timing und ich schmunzelte in mich hinein, weil sie scheinbar auch bei Menschen das Prinzip der positiven Verstärkung vorzog.

Aber es gab auch noch ein paar mahnende Worte: »Du hattest richtig Glück, dass Benji sich gestern nicht wieder für einen Jagdausflug entschieden hat. Es ist häufig so, dass sich bei Hunden nach einem Jagderlebnis wie damals mit Doris eine Art Schalter umlegt, wenn sie mal Erfolg bei der Hatz hatten.

Nun ist es so, dass Doris wirklich gut trainiert und ihm durch gezielte Beschäftigung nicht mehr so viel Anlass gibt, selbst die Welt zu erkunden. Aber Erziehung braucht Beziehung, und wenn er bei dir so viele Freiheiten und keine Kanalisation seiner ursprünglichen Bedürfnisse erfährt, bist du mit ihm bald wieder bei null. Ich hoffe, du nimmst dir das zu Herzen!«

Corinna beendete die Stunde damit, Harald noch einmal zu sagen, wie gut sie es fand, dass er überhaupt mitgekommen war, betonte aber auch, dass es im Training immer wieder mal Rückschläge gibt und die Entwicklungskurve nicht nur steil nach oben weist. Wir würden das ja auch von anderen Dingen im Leben kennen. Wer zum Beispiel beim Joggen eine bessere Laufleistung erreichen will, hat Phasen, in denen er kontinuierlich Erfolge erzielt und seine Leistung steigert, während dann wieder Zeiten folgen, in denen keine Steigerung möglich ist oder es sogar zu Rückschritten kommt.

Was für beruhigende Aussichten ...

Beim Abschied konnte ich mir nicht verkneifen, noch danach zu fragen, ob sich eine gewisse Birgit Wallner gemeldet hat. Corinna sagte, dass sie nächste Woche zum Ersttermin herkommen würde. Ich freute mich, vor allem für Leopold, war aber doch einigermaßen überrascht, dass Birgit sich dazu hatte durchringen können.

Der Heimweg im Auto gestaltete sich dann zunächst relativ ruhig. Einerseits, weil Benji wieder völlig k. o. vom Training war, andererseits, weil Harald all das Gehörte anscheinend verdauen musste. Ich aber war wirklich guter Dinge, dass mein lieber Mann nun offenbar endgültig verstanden hatte, dass Benjis Erziehung keine Bürde, sondern ein unverzichtbares Muss ist, wenn wir entspannt mit ihm zusammenleben wollen.

Und dann passierte das Unfassbare: Wie zur Erinnerung an Corinnas Warnung, dass ein verlässlicher Rückruf auch für Benjis Sicherheit wichtig ist, schoss ein Jack Russel Terrier über die Fahrbahn. Harald, der gute 80 Sachen drauf hatte, legte eine Notbremsung hin, die die Reifen zum Glühen gebracht haben musste.

Der Hund war wie aus dem Nichts aufgetaucht und von der Vollbremsung offenbar so irritiert, dass er zwar langsamer wurde, aber nun auf der Straße umherlief. Schnell lenkte Harald den Wagen an den Straßenrand und wir sprangen aus dem Auto, um dafür zu sorgen, dass das Tier nicht gleich noch mal die Fahrbahn kreuzte.

Harald zog geistesgegenwärtig die angefangene Leberwursttube aus der Hosentasche, lockte den verwirrten Hund zu uns und griff sich vorsichtig das Halsband, während der Vierbeiner tatsächlich abstoppte, um an der Tube zu lecken.

Ein Glück, dass sich zu dieser Tageszeit kaum ein Auto auf diese entlegene Bundesstraße verirrt. Kurze Zeit später kam auch schon der Halter des Ausreißers angelaufen und ich traute meinen Augen nicht: Völlig verschwitzt und vor allem verzweifelt stolperte er im Jogging-Outfit auf uns zu.

Ein kurzer Blick zu Harald zeigte mir, dass auch ihm die Analogie zu seinem eigenen Erlebnis gestern nicht entgangen war.

»Oh mein Gott! Oh Mann! Haben Sie vielen Dank!« Der Mann konnte vor lauter Aufregung gar nicht richtig sprechen. Sicher war er auch am Ende seiner Kräfte, denn er atmete schwer und der Schweiß rann ihm in Bächen übers Gesicht – offenbar war er dem Hund nicht erst fünf Minuten nachgelaufen. »Der Ausreißer hat die Witterung von irgendwas aufgenommen und einfach auf Durchzug geschaltet.«

»Kein Ding«, entgegnete Harald in verständnisvollem Tonfall. »Ist mir auch schon passiert. Wir kommen selbst gerade von der Hundetrainerin, die mir da heute bei so einigen Dingen die Augen geöffnet hat«, erklärte er mit einer Handbewegung in Richtung Auto, wo Benji neugierig durch das Fenster der Kofferraumklappe lugte. Trotz meines immer noch anhaltenden Schocks freute ich mich riesig, dass Harald den Besuch bei Corinna anscheinend so positiv bewertete.

Der Halter des Jack Russels klickte rasch die Leine am Geschirr seines Hundes ein und wischte sich mit dem Ärmel seiner Laufjacke den Schweiß aus den Augen. »Zu einem Hundetrainer will meine Frau auch schon seit einer Weile. Vielleicht sollten wir das wirklich mal tun.«

»Kann echt was bringen«, meinte Harald. »Unsere Trainerin hat ihr Gelände nicht weit von hier. Wenn Sie also aus der Nähe sind, geben wir Ihnen gerne ihre Nummer.«

Motivierter hätten wir den sich langsam erholenden Hundehalter wohl kaum erwischen können, und so zog dieser sofort sein Handy heraus und speicherte Corinnas Nummer ein. Dann plauderten wir noch ein paar Minuten und kehrten glücklich über den guten Ausgang der brenzligen Situation zu unserem Auto zurück.

Und dort folgte das eigentliche Highlight des Tages: Harald gab Benji ein Leckerchen. Als ich ihn fragend ansah, meinte er nur: »Das hat er sich verdient. Wir waren bestimmt zehn Minuten weg und er hat kein einziges Mal gewinselt oder gekratzt. Ruhigbleiben muss belohnt werden, schon vergessen?«

BENJI, 23. NOVEMBER

Mann, bin ich platt. Gute Nacht!

KAPITEL 9
DAS HAT SIE JA NOCH NIE GEMACHT!

LEOPOLD, 21. DEZEMBER

Gaaaaanz langsam. Jetzt ja keine Fehler machen! Ich senkte den Kopf ab, winkelte meine Vorderbeine an, schloss mein Maul und schlich mit starrem Blick auf mein Gegenüber zu. Was hatte der struppige Kerl wohl vor? Möglicherweise mich einfach umrennen, wie diese riesigen Assis auf dem Hof, wo Frauchen mich alleine zurückgelassen hatte?

So ein Mist! Was sollte ich bloß tun? Ich senkte den Kopf noch ein wenig weiter ab, obwohl ich mit dem Maul ohnehin schon fast den Boden rasierte. In dieser Haltung fühlte ich mich wesentlich sicherer. Denn mit der »Hand auf dem Revolver« lässt es sich leichter bedrohlich wirken. Die eigenen Unsicherheiten klar auf den Tisch zu legen und Farbe zu bekennen, scheint nämlich nicht zu funktionieren.

In den letzten Wochen hatte ich das oft versucht und war kläglich gescheitert, weil diese vor Kraft strotzenden Kolosse dort auf dem Hof einfach mit vereinten Kräften über mich hergefallen waren. Bei denen schenkte keiner dem anderen was. Ich konnte mich nur noch auf leisen Pfoten verkrümeln und hätte mich am liebsten jedes Mal, wenn einer von denen auftauchte, in Luft aufgelöst.

Aber wenn das nicht möglich ist, muss man sich der Situation eben stellen. Also versuche ich, seit ich wieder bei Herrchen und Frauchen bin, genau das umzusetzen, was ich von den Rüpeln auf meinem »Erziehungsausflug« gelernt habe: Wer bremst, verliert.

Ich schlich also weiter mit waagrecht weggestreckter Rute auf mein Gegenüber zu, hatte aber noch nicht mal eine Ahnung, ob es sich um einen männlichen oder weiblichen Gegner handelte. Zeit, das rauszufinden, war jedoch keine. Es galt nur, ihn oder sie möglichst auf Distanz zu halten. Immer wieder huschte meine Zunge aus Unsicherheit über mein Maul – ich konnte gar nichts dagegen tun.

Wenn ich nur wüsste, was es bedeutet, wenn ein Hund so auf mich zukommt ... Dann wäre es einfacher, damit umzugehen. Aber was ich hier sah, hätte alles bedeuten können. Ich wappnete mich daher lieber für den schlimmsten Fall und machte mich bereit, nach vorne zu schießen und eine Scheinattacke zu fahren. In Wahrheit betete ich aber, dass der Köter, der aussah wie der Angeber von nebenan, abdrehte.

Dann der Schock! Mir blieb beinahe das Herz stehen. Plötzlich stellte sich mir eine Frau in den Weg und starrte mich bedrohlich an. Ich blieb noch kurz dran, hielt also quasi die Pfote weiterhin am Revolver. Als sie sich aber noch weiter nach vorne beugte und ein paar Schritte auf mich zuging, geriet ich so sehr in Panik, dass ich in hohen und kurz aufeinanderfolgenden Lauten mit nach oben gerichtetem Maul heftig losbellte.

Aus lauter Angst konnte ich meinen Blick nicht halten und verlagerte mein Gewicht auf die Hinterbeine, um mich für eine Flucht bereit zu machen. Der Plan, nach vorne zu schießen, wurde vorerst verworfen – zu bedrohlich fixierte mich die Zweibeinerin und das gesamte Szenario war mir jetzt doch eine Nummer zu groß.

In meiner Verzweiflung machte ich einen Satz zur Seite und hielt nach Frauchen Ausschau, aber von der war wie immer nichts zu sehen. Lange musste ich Gott sei Dank nicht mehr zittern, denn als ich zur Seite gewichen war, hörte die Frau auf, mich anzustarren, und drehte mitsamt ihrem Köter ab.

Jetzt wo der Hund in sicherer Entfernung war, konnte ich den Platz beschnüffeln, an dem er zuletzt gestanden hatte, beobachtete aber heimlich weiter, wohin die beiden verschwanden. Meine Nase sagte mir ziemlich schnell, dass es sich um einen Rüden handelte, dessen Duftnote mir aus meiner Straße wohlbekannt war. Es dürfte wirklich der Draufgänger von nebenan gewesen sein. Puh, noch mal Glück gehabt.

Schnell noch ein Blick in die Richtung der beiden. Ja, sie bewegten sich eindeutig von mir weg. Also konnte ich mich ausgiebiger den Gerüchen des Kollegen hingeben, denn so sehr ich auch Schiss vor ihm gehabt hatte, so neugierig war ich. Wow, war das ein beeindruckender Kerl! Die feinen Geruchspartikel, die er am Weg hinterlassen hatte, rochen nach einer würzigen Mischung aus Pferdeäpfeln, Kadaver und einer gehörigen Portion Testosteron. Wenn da die Mädels nicht Schlange stehen, weiß ich auch nicht.

Doch gerade als ich mich im Geruchseldorado schlechthin befand, kam Frauchen angerauscht, um mich wieder an die Leine zu nehmen. Das war der Moment, in dem es galt, die Zähne zusammenzubeißen. Schließlich war meine Option der Flucht, falls sich wieder eine potenzielle Gefahr nähern sollte, gestorben. Die Leine bedeutet für mich immer, dass es nur mehr einen Weg gibt, wenn es ernst wird, nämlich den nach vorne.

Verteidigen muss ich mich nämlich alleine, so viel ist mir schon klar geworden. Denn Frauchen oder Herrchen haben es bis heute kein einziges Mal auf die Reihe bekommen, für mich da zu sein und mich zu beschützen, wenn's brenzlig wurde. Im

Gegenteil haben sie mich sogar schon mit den kleinen Menschen auf die Straße geschickt. Da hatte ich nicht nur damit zu tun, auf mich selbst aufzupassen, sondern musste auch kontrollieren, dass bei denen alles mit rechten Dingen zugeht. Für voll nehmen kann ich die nicht, so sehr, wie sie offenbar unter der Fuchtel der Großen stehen. Die kriegen, genau wie ich, immer nur Anschiss von denen. Warum also sollte ich sie im Umgang mit mir ernst nehmen?

Mir bleibt daher nichts anderes übrig, als mich selbst schon vorbeugend darum zu kümmern, die Gefahren von außen auf ein Minimum zu reduzieren. Am schwersten war mir das in den ersten Tagen gefallen, wenn wir bei den kläffenden Nachbarhunden am Zaun vorbeigingen.

Mittlerweile habe ich aber schon verstanden, dass die nicht rauskommen, und hab mich da jetzt schon ganz gut im Griff. Ich versuche zwar, großräumig auszuweichen und es so hinzubekommen, dass Frauchen als Puffer zwischen mir und dem Zaun ist, aber sie checkt das meistens nicht. Deswegen muss ich mich immer ordentlich in die Leine hängen, um mein Vorhaben durchzusetzen.

Viel schlimmer als die durch den Zaun kläffenden Artgenossen sind aber die echten Begegnungen mit anderen Hunden auf der Straße – der pure Horror! Denn mit diesem blöden Strick am Körper bleibt mir ja wie gesagt keine Möglichkeit, denen auszuweichen. Und diese Wahnsinnige denkt ja nicht dran, mal zu beobachten, wie es mir dabei geht. Die lässt mich tatsächlich jedes Mal einfach ins offene Messer laufen. Natürlich kommt es dann, wie es kommen muss.

Dieser ungestüme Labrador von gegenüber ist mich kürzlich so heftig angegangen, dass ich nur noch wie eine Furie um mich beißen konnte. Was hätte ich denn sonst machen sollen? Es ist die blanke Überforderung für mich, diesen Situationen so dermaßen ausgeliefert zu sein.

Ich wünsche mir ja, meine Angst in den Griff zu bekommen, mich zusammenzunehmen und wie die anderen am Gegenüber zu schnuppern, aber ich bin einfach sprichwörtlich überrollt, wenn sie mit ihren tausend unbekannten Gesten und oft so ungebremst auf mich zukommen.

Noch dazu weiß ich nicht, was diese ständigen Zwangskontakte eigentlich bewirken sollen.

Aber eins steht fest: Meine Strategie, mir, wenn ich angeleint bin, schon auf große Distanz mit eindeutigem Gebell und leichtem Geknurre Respekt zu verschaffen, funktioniert bestens. Damit konnte ich bisher so gut wie alle Kollegen zum Weiterziehen bewegen. Und Frauchen hat dadurch jetzt auch endlich verstanden, den anderen Hunden besser auszuweichen, wenn wir durch die engen Gassen gehen. Wer nicht hören will, muss eben die Straßenseite wechseln.

DORIS, 21. DEZEMBER

Ich glaube, das Schwierigste an der Hundeerziehung für uns Zweibeiner ist die Diskrepanz zwischen den einerseits recht menschlichen Eigenheiten, die Hunde im Laufe des Zusammenlebens mit uns angenommen haben, und den andererseits noch sehr vielen ursprünglichen Antrieben, die von ihrem Vorfahren, dem Wolf, übrig geblieben sind.

Da glaubt der Mensch, einfach einen geselligen Partner mit etwas mehr Fell an seiner Seite zu haben, dabei kommen bei unseren Vierbeinern oft noch natürliche Verhaltensweisen zum Vorschein, die für uns kaum nachvollziehbar sind. So teilen die einen ihr Frühstück mit Waldi am Esstisch und sind dann irritiert, wenn er am gleichen Nachmittag die Hinterlassenschaften eines anderen Hundes frisst, als würde es sich dabei um ein saftiges Steak handeln. Oder sie lassen ihren Vierbeiner im Bett kuscheln, sind aber völlig pikiert, wenn er sich am nächsten Morgen bei seiner Gassirunde im Kadaver eines nicht mehr definierbaren Tieres wälzt.

Zugegeben war das für mich anfangs bei Benji auch nicht einfach. Er war so ein süßer Fellwuschel, den wir knuddelten wie ein drittes Kind und darüber fast vergaßen, dass er eben ein *Tier* ist. Na ja, spätestens damals im Sonnenblumenfeld erinnerte er mich unmissverständlich daran.

Und heute Nachmittag hatte er offenbar wieder mal Lust auf einen Touch Hunde-Chanel-N°5. Ich hätte schon viel früher erkennen müssen, dass das passieren würde, als er so lange an dem Pferdemist schnüffelte, ehe er sich mit den Hinterlassenschaften des Rosses einschmierte. Da es für einen erfolgreichen Rückruf entschieden zu spät war, kam, um einen olfaktorischen Supergau zu vermeiden, die Schleppleine zum Einsatz, mit der ich Benji zu mir holte, während ich ihn so freundlich wie möglich lockte.

Ich weiß gar nicht, was Harald gegen die Leine einzuwenden hatte. Ich finde sie wirklich praktisch. Der Hund kann damit relativ ungehindert frei umherlaufen, zieht aber immer die an seinem Brustgeschirr befestigte Leine hinter sich her, die man viel eher erwischen kann als den flinken Kerl selbst. Und auch wenn man sicherheitshalber die Leine in der Hand hält, kann der Hund sich noch relativ frei bewegen.

Corinna hat uns eine Leine mit einer Länge zwischen fünf und sieben Metern empfohlen. Bei allem, was länger ist, ist die Gefahr, dass man sich darin verheddert oder einwickelt, wesentlich größer, so wie das Harald eben mit unserer ersten viel zu langen Leine passiert ist.

Um ein Hängenbleiben zu vermeiden, wenn die Schleppleine wirklich am Boden hinterhergezogen wird, sollten sich an ihrem Ende keine Schlaufen befinden. Beim Material haben wir uns für eine Art Gummi entschieden – von raueren Materialen hat Corinna abgeraten, da damit erstens höhere Verletzungsgefahr für die Hände besteht und die Leine zweitens leichter in Astgabeln oder Ähnlichem hängen bleibt.

Trotz dieser guten Voraussetzungen hatte ich heute aber zu spät reagiert und konnte nur noch tatenlos zusehen, wie Benji sich glückselig in Pferdeäpfel tunkte. Das würde gute 48 Stunden Bettverbot geben, völlig klar. Eigentlich hatten Harald und ich festgelegt, Benji generell nicht ins Bett zu lassen. Aber *eigentlich* wollten wir auch gar keinen Hund.

Dann war Benji aber einfach so süß und knuddelig und bettelte mit seinem zuckersüßen Gesicht, doch bitte auch beim »Rudel« schlafen zu dürfen, dass wir schlussendlich unsere Vorsätze in den Wind schlugen und unseren Streuner nun frühmorgens ein bisschen kuscheln lassen.

Benji wusste mit seiner Art bei uns natürlich sofort den richtigen Knopf zu drücken, um unsere elterliche Oxytocin-Pumpe wieder zu aktivieren. Obendrein erlaubt uns dieses Zugeständnis vor allem an Wochenenden mindestens eineinhalb Stunden mehr Schlaf, weil wir nicht um sechs Uhr morgens mit einer ungeduldigen Schnauze oder Gekratze am Bett traktiert werden.

Da Corinna auf meine vorsichtige Nachfrage zu dem Thema schlussendlich auch keinen echten Einwand hatte – außer wie immer, dass er es nicht selbst einfordern, sondern wir ihn aktiv einladen sollen –, spricht für uns nichts dagegen, das zu erlauben. Außer eben Reste von Darmausscheidungen in Benjis struppiger Mähne.

Gut, also jetzt gab es erst mal Menschenbettsperre, weil niemand von uns scharf darauf war, neben einem Odeur-Gemisch aus Pferdemist und Hundeshampoo aufzuwachen. Denn trotz Abduschen bahnte sich der ekelhafte Geruch immer noch zielstrebig seinen Weg durch Benjis Fell in unsere Nasen.

Ich habe ja Gott sei Dank längst aufgehört, mich über diese Dinge aufzuregen, weil sie einfach natürlich sind und im Zusammenleben mit einem Hund nun mal dazu gehören. Vor allem seit ich eben die Hintergründe und Antriebe für solche Verhaltensweisen verstehe. Außerdem motiviert es mich umso mehr, über Erziehung und Signale bei unerwünschtem Verhalten zumeist ein Ablassen erwirken zu können. Vorausgesetzt natürlich, ich bin nicht wie heute zu spät dran damit.

Seit ich mit unserem Benji alle möglichen Fehler gemacht habe und sicher zum Teil immer noch mache, kann ich es nicht lassen, mich mit dem faszinierenden Phänomen der Hund-Mensch-Beziehung zu beschäftigen und diese einzigartige Verbindung ständig zu hinterfragen. So vieles im Zusammenleben mit unseren Vierbeinern ist einfach total spannend.

Zum Beispiel die Tatsache, dass diese Synergie, also das Zusammenleben zum beiderseitigen Vorteil, zwischen Mensch und Hund so eng ist, dass die Vierbeiner ihre Zweibeiner als vollwertige Sozialpartner akzeptieren können. Das gibt es unter zwei artfremden Spezies sonst gar nicht.

Davon habe ich erst vor Kurzem am Frühstückstisch gelesen und direkt Harald davon erzählt, der wieder mal einen auf David Attenborough machen musste und meinte, solche Symbiosen gebe es auch noch woanders in der Natur. Da seien zum Beispiel der Honigdachs und der Honiganzeiger, ein kleiner, spechtartiger Vogel. Der Vogel suche für den Dachs die Waben, der Dachs breche sie auf. Und während der fellige Genosse dann den Honig verputzt, würde der Honiganzeiger die Bienenlarven fressen. Eine Win-Win-Situation für beide.

»Eine Sozialpartnerschaft bedeutet aber mehr, als sich gegenseitig Futter zu organisieren«, entgegnete ich Harald in einem Tonfall, der ihn wissen ließ, dass ich genau gesehen hatte, wie er an seinem Tellerrand Käserinde für Benji bereitgelegt hatte. »Das sind meine Jackpot-Leckerchen fürs Rückruftraining«, sagte er augenzwinkernd und setzte mich damit Schachmatt.

Na, jedenfalls geht es im Zusammenleben zwischen Hund und Mensch tatsächlich um eine viel innigere Verbindung, als sich nur gegenseitig Nahrung zu beschaffen. Denn würde der Hund den Menschen nicht als vollwertigen Sozialpartner akzeptieren, liefe er auf der Hundewiese eher mit seinen Artgenossen heim und nicht mit seinem Menschen. Auch zwei Hunde, die in ein und derselben Familie leben, würden sich nicht nach Herrchen oder Frauchen sehnen, wenn sie zu zweit im Haus zurückgelassen werden, sondern sich miteinander schon »komplett« fühlen.

Aber kürzlich ist mir eben dieses Buch untergekommen, das ich an nur drei Abenden verschlungen habe, weil es die Entwicklung des Wolfes zum Haushund mit all ihren Theorien extrem interessant erzählte. Und darin erklärte sich mir dann so einiges zu dieser intensiven Beziehung, die Hunde zu Menschen haben.

Man geht davon aus, dass die Domestikation des Hundes vor ca. 15.000 Jahren mit der Sesshaftwerdung der Menschen begann. Durch den Ackerbau fingen die Menschen an, feste Lager zu errichten, wodurch natürlich auch Abfall durch Nahrungsmittel und Exkremente entstand. Das zog Wölfe an und die mutigsten von ihnen wagten sich mit der Zeit immer näher an diese Lager heran, um die Abfälle zu fressen.

Im Laufe der Zeit erkannten Mensch und Wolf, dass sie eigentlich voneinander profitieren können. So begannen die Wölfe, die sich aufgrund des reichlichen Nahrungsangebotes immer näher bei den Menschen ansiedelten, Eindringlinge zu melden und – zunächst noch mit etwas Abstand – mit auf die Jagd zu gehen. Der Mensch wiederum erkannte die unglaublichen jagdlichen Fähigkeiten des Wolfes und wurde immer vertrauter mit ihm. So entstand die Domestikation und schließlich auch die genetische Veränderung zum heutigen Haushund. Wissenschaftler gehen sogar davon aus, dass der Hund für das doch recht schnelle Aussterben des Mammuts verantwortlich war. Erst durch Hunde an ihrer Seite wurden Menschen zu immer strategischeren Jägern und konnten ihre Jagdbeute, die von Hunden umkreist und in Schach gehalten wurde, wesentlich einfacher erlegen. Außerdem haben Hunde den riesigen Fang vor anderen Raubtieren verteidigt, was schlussendlich zur besseren Versorgung der Menschen sowie immer größeren Familien führte und schließlich noch mehr Druck auf die Eiszeittiere bedeutete. Diese etwa 45.000 Jahre alten Fundspuren von Caniden lassen im Übrigen auch auf eine wesentlich frühere Domestikation des Hundes schließen – aber so ganz sicher ist sich die Wissenschaft da offenbar noch nicht. Es kursieren immer noch mehrere Theorien und Jahreszahlen über die Entstehung unseres heute so beliebten Haustieres.

Interessanterweise ist auch die Familienstruktur der Wolfsrudel sozial sehr ähnlich der menschlichen aufgebaut: Es gibt meist zwei Familienoberhäupter bestehend aus Männchen und Weibchen. Sie geben die Orientierung vor, sind aber auch Respekts- und Vertrauens»personen«. Dazu kommen etwaige Kinder, Geschwister, Onkel, Tanten oder eben nicht direkt verwandte Neuzugänge, die ebenso ihre Position im Sozialverband einnehmen. Es ist also nicht verwunderlich, dass Mensch und Hund im Großen und Ganzen so wunderbar miteinander leben können.

Auch das Thema der Vermenschlichung scheint schon eine uralte Geschichte zu haben: Eine um 3700 v. Chr. entstandene Skulptur aus Mexiko bildet eine Frau ab, an deren Brust ein Wolfswelpe saugt. Die Behandlung von Hunden, als seien sie Menschen, ist also kein Phänomen der Neuzeit.

Irgendwann im Laufe der Jahrtausende kam es dann zu einer Genmutation, aus der der heutige Haushund entstand, der spätestens ab da zum echten Begleiter, Beschützer und Jagdgefährten des Menschen wurde. Aus all diesen Gründen ist die wundersame Beziehung zwischen Hund und Mensch bis heute so innig.

Apropos Beziehung: Das Wort dürfte Birgit Wallner wirklich so fremd sein, wie die Tatsache, dass Banknoten nicht im Geldautomaten gedruckt werden. Denn ich spüre da sowohl zwischen ihr und ihrem Mann als auch zu ihren Kindern nie echte Emotionen. Kein Wunder also, dass sie immer noch nicht verstanden hat, dass Hunde, die uns in ihren sozialen Strukturen so ähnlich sind, ebenfalls eine Beziehung brauchen und nicht nur Deko-Elemente sind, die gut zur Einrichtung oder zum SUV passen.

Auch heute hat sie wieder einmal bewiesen, dass sie noch nicht begriffen hat, dass es zum Leben mit einem Hund mehr braucht, als nur seine Dosen zu öffnen, oder die überteuerte, von Hand gespleißte Leine schick um die Schulter zu tragen.

Als Benji und ich heute Morgen oben auf der Wiese eine Runde drehten, kam uns nämlich der mittlerweile schon relativ hochgewachsene Leopold entgegen – von Birgit natürlich weit und breit keine Spur.

Ich versuche ja seit einigen Wochen, den Kontakt mit ihr wann immer möglich zu meiden, weil ich einfach nicht mehr mit ansehen kann, wie sie ihren armen Hund in so vielen Punkten vernachlässigt. Als er bei Wallners ankam war er noch kuschlig und süß, aber jetzt als Teenager dürften ihre Muttergefühle für ihn irgendwo zwischen Prosecco-Vormittagen mit ihren Freundinnen und ihren oberschenkelstraffenden Pilates-Stunden vertrocknet sein.

Und auch ihre Vorstellung, mit einem statthaften Rüden in Creme passend zum ivoryfarbenen Sport-Outfit durchs Villenviertel zu joggen, dürfte mittlerweile von der Erkenntnis eingeholt worden sein, dass an entspanntes Laufen mit Leopold nicht zu denken ist.

So verbringt das arme Tier täglich Stunden alleine im Garten, wo es laut Birgit ja ohnehin seinen Auslauf hat. Dabei habe ich ihr bereits bei mehreren Gelegenheiten zu erklären versucht, dass das Alleinlassen im Garten zum einen keine geeignete geistige wie körperliche Beschäftigung für einen Hund bietet, schon gar nicht für einen vor Testosteron strotzenden Teenager-Rüden. Zum anderen würde sie Leopolds Territorialität damit nur verstärken, da er ja immer alleine »auf den Garten aufpassen« muss.

Sinnlos. Meine Zeit und meinen Atem hätte ich mir sparen können. Das heißt, richtige Spaziergänge kriegt Leopold nur sehr selten. Und wenn, dann mit einem Frauchen, deren Handy an ihrem Ohr festgenagelt zu sein scheint.

Da Leopold in seiner stark ausgeprägten Unsicherheit in Kombination mit Unterforderung immer wieder Aggressionsverhalten zeigt, habe ich auch versucht, den Kontakt zwischen Benji und unserem halbstarken Nachbarshund so weit wie möglich zu meiden. Aber dadurch, dass wir Zaun an Zaun leben und Benji manchmal beim Lüften unbemerkt in den Garten huscht, ist es schon zu ein paar rüpelhaften Begegnungen der beiden gekommen. So viel zum neuen Spielpartner für Benji, wie sich das Birgit damals auf ihrer Halloweenparty in ihrer Naivität ausgemalt hatte.

Die Stunde bei Corinna hat sie zu allem Überfluss auch gecancelt, um Leopold stattdessen in eine Art Hunde-Bootcamp zu schicken. So wurde meine Hoffnung, dass Birgit den armen Kerl doch noch irgendwie erziehen und wieder auf Kurs bringen würde, endgültig begraben. Der »Trainer« dort soll mit zwölf Huskies auf einem abgelegenen Hof leben und hätte angeblich schon viele Hunde »resozialisiert«.

Ich war wirklich aus der Haut gefahren, als sie das erzählt hatte. Der sensible Prozess der Sozialisierung ist doch nicht einfach in ein paar Tagen nachholbar. Da geht es um einen biologischen Vorgang, der nun mal in den ersten Lebenswochen stattfindet und spätestens mit Eintritt der Geschlechtsreife wieder beendet wird und nicht um einen Schnellkurs Englisch für den nächsten Wochenendtrip nach London. Was sind das eigentlich für Scharlatane, die vorgeben, sie könnten an einem Wochenende nachholen, was schon längst irreversibel verpasst wurde?

Ich habe zwar durch Benji gelernt, dass gewisse soziale Defizite mit positiven Erfahrungen überlagert werden können, aber nach monatelanger Isolationshaltung und sozialer Deprivation, wie das bei den Hundevermehrern üblich ist, kann doch niemand ernsthaft behaupten, mit ein paar »erfahrenen« Hunden einen längst verpassten biologischen Reifeprozess imitieren zu können.

Es war mir also ein wirkliches Bedürfnis gewesen, Birgit eindringlich vor einem Hunde-Boot-Camp zu warnen, nicht zuletzt deshalb, weil ich ahnte, was Leopold dort erwarten würde: Erlebnisse, die all das noch schlimmer machen würden, was bei dem armen Hund ohnehin schon mächtig im Argen lag. Aber sie wählte wie immer den bequemeren Weg und brachte es doch tatsächlich übers Herz, den Hund dort abzuliefern.

Als sie heimkam, nachdem sie Leopold dort abgegeben hatte, berichtete sie mir hocherfreut, dass ihr Vierbeiner mit dem dortigen Hundeflüsterer und auch den Hunden vor Ort überaus gut klarkomme. Genauere Erkundigungen ergaben allerdings, dass sie dort mit Leopold einfach den Auslauf betreten hatte und sich nicht einmischen sollte, wenn die anderen Hunde kommen, weil die das schon »unter sich« regeln würden.

Uschi ist offenbar wirklich nicht die einzige, die an dieser veralteten Theorie festhält. Vier der Huskies hätten Leopold dann »mal ordentlich unterworfen« und ab da sei er wunderbar im Rudel integriert gewesen. Er sei eben kein Alpha-Hund, weshalb er lernen müsse, kleine Brötchen zu backen.

Das ganze Projekt mündete darin, dass Leopold zehn Tage vor Ort bleiben musste, um »einiges festigen zu können«, bevor er wieder nach Hause durfte. Ich konnte und wollte nicht mehr darüber nachdenken, wie es dem armen Kerl dort gehen musste und was er auf der Farm lernte. Nun, das Ergebnis präsentierte sich mir heute auf der großen Wiese.

Vor dem Erlebnis heute Morgen hatte ich Leopold eher unsicher und im Dauer-Rückwärtsgang in Erinnerung. Das Bild, das sich mir heute bot, war jedoch ein völlig anderes. Als Benji – der natürlich immer noch mit der Schleppleine gesichert ist, die er aber in übersichtlichen Gebieten nur auf dem Boden hinterherschleift – Leopold bemerkte, tänzelte er erstaunlich freundlich auf ihn zu.

Benjis aufrecht-imponierende Haltung, die neugierig halb aufgestellten, aber leicht verunsichert-rückwärts gerichteten Ohren und sein propellerartiges Schwanzwedeln ließen mich darauf schließen, dass Benji annahm, eine Hündin komme ihm entgegen. Corinna hat mir diese Körperhaltung einmal als »sexy Pose« beschrieben, als Benji ihre Hündin so umtänzelte.

Ich achte in letzter Zeit aber immer gezielt darauf, dass mein Rabauke in der Begegnung mit dem anderen Geschlecht und überhaupt mit anderen Hunden nicht zu stürmisch ist. Wildes Losrennen in Richtung Gegenüber hat mich sowohl bei Benji als auch bei seinen Artgenossen immer gehörig aufgeregt. Auch bei unseren Jungs bestehe ich auf ein höfliches »Hallo« zur Begrüßung, warum sollte ich unserem Hund zugestehen, auf andere so ungebremst zuzulaufen?

soisserbrav.com/hundebegegnungen

Und ich bin recht stolz darauf, ihn dahingehend schon richtig gut in den Griff bekommen zu haben. Über gezieltes Begegnungstraining, aber auch mal eine Rüge für vorschnelles Losrennen habe ich unserem Frechdachs nämlich tatsächlich beigebracht, zumindest bei den Ladys erst mal Gedichte zu schreiben und sich vorzustellen, anstatt direkt zum Koitus übergehen zu wollen.

Leopold jedoch, den Benji offenbar nicht erkannte und der von ihm nach wie vor für eine Dame gehalten wurde, verhielt sich extrem steif und in Hab-Acht-Stellung, obwohl Benji sich deutlich deeskalierend näherte, indem er immer wieder seinen Blick abwandte und sich sogar fragend zu mir umdrehte. So angespannt die Situation auch war: Wow, ich verbuchte das als absoluten Erfolg in unserer Beziehungsbilanz!

Leopold ließ sich jedenfalls trotzdem nicht davon abbringen, Benji drohend zu fixieren, wie ein Hund, der sich an ein Jagdobjekt anpirscht. Als ich wirklich nicht mehr annehmen konnte, dass er sich doch noch umentscheiden und abdrehen würde, und ich das Gefühl bekam, er könnte gleich zur Attacke ansetzen, reagierte ich und stellte mich vor Benji, wie Corinna es mir gezeigt hatte. Zu oft hatte Benji in den vergangenen Monaten – als ich noch nicht wusste, dass ich ihn sehr wohl schützen darf – schon erleben müssen, dass ich nicht für ihn da war und er die Dinge dadurch notgedrungen »selbst regeln« musste.

Weil Leopold sich aber im Zeitlupentempo anschlich, hatte ich genügend Zeit, ihm mal das Gegenteil zu beweisen – und wie. Ich verkürzte also die Leine so, dass Benji nicht womöglich ebenfalls nach vorne schießen konnte, und machte mich etwa einen halben

Meter vor unserem Hund breit. Dann senkte ich, wie auch Leopold es tat, ein wenig meinen Kopf und fixierte ihn kurz. Allerdings reagierte er nicht darauf, also legte ich einen nach und ging etwas nach vorne gebeugt zwei Schritte auf ihn zu, um noch bedrohlicher zu wirken.

Es tat mir im Grunde total leid für den schüchternen Halbwüchsigen, weil der ja ohnehin nicht besonders sicher mit Menschen ist. Aber da sein Frauchen nach wie vor nicht zu sehen war, blieb mir nichts anderes übrig, als diese Bedrohung in Benjis Sinne selbst abzuwehren. Ich wollte zum einen keine Verletzung bei einem der beiden Hunde riskieren, zum anderen musste unser Vierbeiner endlich verstehen, dass er fürs Regeln derartig brenzliger Situationen nicht zuständig war und ich ihn beschützte.

Max oder Smartie stünde ich ja auch zur Seite, wenn plötzlich ein aggressiver Teenager meinte, er müsste eine Pöbelei mit unseren Kids anfangen. Wäre Birgit da gewesen, hätte ich sie natürlich zumindest der Form halber gebeten, ihren Hund zu rufen, was aber bei ihren Erziehungsambitionen wohl ohnehin nicht geklappt hätte.

Mein Splitting, also das Dazwischenstellen, funktionierte am Ende bestens: Leopold registrierte meine leicht bedrohliche Geste, bellte mich verunsichert an und wich zurück. Ich will ja wirklich nicht vermenschlichen, aber ich hätte schwören können, bei Benji eine stolze »Habt ihr gesehen? Das ist *mein* Frauchen«-Mine entdeckt zu haben. Leopold verkrümelte sich jedenfalls und Benji und ich drehten ab.

Was für ein unbeschreiblicher Meilenstein das für meine Beziehung mit Benji war: Ich hatte eine vermeintlich bedrohliche Situation für ihn geregelt. *Das hat sie ja noch nie gemacht!*, wird der sich bestimmt gedacht haben.

Auf dem Rückweg begegnete mir Birgit, die gerade ein Telefonat beendete. Wie in Trance blickte sie auf ihr Handy, um erst nach meinem »Hallo!« aufzusehen.

»Falls du Leopold suchst, der steht auf der Wiese und würde sich über deine Unterstützung freuen!«, rief ich ihr mit ordentlich Wut im Bauch zu. Meine Emotionen kochten wirklich langsam über und ich hatte keine Geduld mehr für Birgits ständige Ausreden, die mich sicher gleich wieder erwarten würden.

»Ich weiß, das sehe ich auf meiner Hundeortungs-App. Die ist mit einem Empfänger an seinem Halsband verbunden. Alles gut«, versuchte mich Birgit zu beschwichtigen. »Aber das mit dem Abhauen hat sich spätestens in ein paar Tagen erledigt. Leopold wurde vor Kurzem kastriert. Der Tierarzt meinte, dass sein ständiges Weglaufen damit besser in den Griff zu kriegen wäre.«

Ich musste mich zusammenreißen, nicht sofort die Wechselatmung zu praktizieren, die ich letzte Woche beim Yoga zur Beruhigung gelernt hatte. Wie bitte kann man andauernd die Verantwortung von sich weisen, den ohnehin total unerwachsenen Kerl leichtfertig unters Messer legen und glauben, damit irgendwas bewirken zu können?

Mir ist schon klar, dass eine Kastration in manchen Fällen durchaus sinnvoll sein kann. Aber als ich mich vor ein paar Wochen mit Katja darüber unterhalten habe, öffnete sie mir die Augen. Durch ihr Veterinärmedizinstudium hat sie sich hinlänglich aus vielen Sichten mit dem Thema beschäftigt und mir anschaulich erklärt, dass es vor allem ein No-Go sei, recht unsichere Hunde früh zu kastrieren, da dann ja nicht nur ein Prozess der körperlichen, sondern auch der geistigen Reifung gestoppt würde.

»Stell dir mal vor, sie würden deinen Smartie jetzt kastrieren«, versuchte Katja mir die Tragweite dieses Schrittes darzulegen, und nahm wie immer kein Blatt vor den Mund. »Der würde dann – ohne das Zutun seiner Kronjuwelen – vermutlich nicht viel reifer werden, als er es jetzt mit seinen 13 eben ist und ewig in diesem Stadium stecken bleiben.«

Diese Vorstellung war wirklich der Horror. Lebenslänglich Pubertät – die Höchststrafe! Und zwar nicht nur für Smartie, sondern auch für sein Umfeld. Und bei Leopold würde es nicht anders sein. Katja musste nicht weiterreden, um mir die tatsächlich oft verschwiegenen Schattenseiten einer Kastration anschaulich zu machen. »Und was die Angst vor unerwünschtem Nachwuchs betrifft: Ich finde, wer seinen Hund kastrieren lässt, weil er ihn draußen nicht kontrollieren kann, sollte besser gar keinen haben!«, ergänzte sie abschließend.

Für Leopold war es nun zu spät. Daher beschloss ich, zu Birgits unglaublicher Information über diesen unverantwortlichen Schritt außer einem »Aha« nichts mehr zu sagen. Bevor ich aber vor lauter zurückgehaltenen Emotionen und runtergeschluckten Worten explodierte, wünschte ich ihr noch einen schönen Tag und ließ sie mit ihrer überteuerten ombre-farbenen Leine und dem farblich darauf abgestimmten Leckerli-Beutel mit handgesticktem »Leopold«-Aufnäher einfach auf dem Weg stehen.

Nichts macht mich wütender als Menschen, die stylische Hundeaccessoires – natürlich farblich und stofflich angepasst an die Saison – kaufen, es aber nicht der Mühe wert finden, sich mit den profansten Grundideen von Hundekommunikation und -erziehung zu beschäftigen. Klar können Hunde gerne 47 Halsbänder in allen Farben haben – ich finde es ja auch nett, wenn Benji etwas trägt, das mir gefällt. Aber bitte erst die Hausaufgaben erledigen. Auch wenn kaufen angenehmer ist, als sich mit mühseliger Erziehung auseinanderzusetzen.

Ich will mir wirklich nicht anmaßen, die Weisheit über Hunde löffelweise in mich reingeschaufelt zu haben, nur weil ich in den letzten Monaten gefühlte 132 Hundebücher gelesen und vor allem viel Zeit und Geld bei Corinna gelassen habe. Aber was Birgit mit Leopold aufführt, ist echt zum Haareraufen. Gerade einem so unsicheren Würstchen müsste sie viel mehr Orientierung und Sicherheit vorleben.

Corinna hat mir das in einer der letzten Stunden in Bezug auf Benji noch mal ganz genau erklärt und mir dabei klargemacht, wie wichtig es für Hunde gerade bei Unsicherheiten ist, sich mit einem souveränen Herrchen oder Frauchen in Sicherheit zu wissen.

Im Grunde geht es mir doch in Situationen, in denen ich überfordert oder ängstlich bin, auch nicht anders. Wenn dann jemand da ist, der weiß, was zu tun ist, werde ich gleich wieder ruhig. Das beste Beispiel ist meine Flugangst. Nachdem ich nämlich wie Benji ein ziemlicher Kontrollfreak bin, macht mir die Vorstellung, dass mein Leben von der Kompetenz und Aufmerksamkeit eines Piloten abhängt, immer ein bisschen Angst. So reagiere ich auf kleinste Geräusche im Flieger sofort mit der Befürchtung, dass irgendetwas schiefgehen könnte.

Deshalb beobachte ich auf meinen seltenen Flügen zwanghaft die Flugbegleiterinnen und Flugbegleiter, und wie sie sich verhalten. In meiner Angst hilft es mir ungemein, wenn ich entspannte und souveräne Damen und Herren sehe, die auch in stressigen Situationen gelassen bleiben und professionell und ruhig, vielleicht sogar mit dem einen oder anderen lockeren Spruch, ihre Arbeit meistern.

Kürzlich gab es auf meinem Heimflug von einem Meeting ziemlich heftige Turbulenzen. Zwei älteren Damen – und wahrscheinlich auch mir – stand die Angst ins Gesicht geschrieben. Als ob das noch nicht genug gewesen wäre, öffnete sich auch noch ein wohl schlecht verschlossenes Overhead-Compartment und einige Gepäcksstücke fielen heraus, wodurch ein Fluggast leicht am Kopf verletzt wurde.

Und obwohl nun die Unruhe unter den Fluggästen merklich stieg, ging die Chef-Stewardess extrem ruhig mit der Situation um, erklärte über den Lautsprecher wie selbstverständlich, dass die Fluggäste sich keine Sorgen machen und angeschnallt bleiben sollten, die Turbulenzen würden sich gleich wieder legen und der verletzte Gast werde bereits versorgt.

Klar war das keine wirklich lebensbedrohliche Situation für mich, dennoch hat es mir einmal mehr gezeigt, wie wichtig es ist, wenn die Verantwortlichen besonnen und ruhig mit solchen Situationen umgehen. Alle hielten sich an die Anweisungen des Bordpersonals, weil eine einzige Person die nötige Souveränität ausstrahlte.

Ich stelle mir das bei Leopold so ähnlich vor. Würde Birgit nicht leichtfertig auf ihrem Handy rumtippen, sondern dem jungen Rüden klare Vorgaben machen, würde es ihm bestimmt leichter fallen, seine Unsicherheiten in den Griff zu bekommen.

Aber es scheint dabei zu bleiben: Das hat sie ja noch nie gemacht.

KAPITEL 10
STILLE NACHT, STRESSIGE NACHT

DORIS, 25. DEZEMBER

Oh Mann, ich bin echt sauer!

Denn wann immer ich bei größeren Familienzusammenkünften um etwas bitte, das irgendwie in Richtung Erziehung geht, wird es ignoriert. Dabei wäre es heute ausnahmsweise genau darum gegangen: ums Ignorieren.

Allerdings Benji und nicht mich.

Aber warum sollte das Erfüllen meiner Bitten bei unserem Hund funktionieren, wenn es nicht mal bei den Kindern klappt? Wie oft habe die liebe Verwandtschaft schon ersucht, die Jungs bei derartigen Feiern nicht schon vor dem Mittagessen mit mitgebrachten Süßigkeiten vollzustopfen? Wie viele Male habe ich Tante Alma schon aufgefordert, die Erziehung von Max bitte Harald und mir zu überlassen und ihn nicht in einer Tour zu ermahnen oder seine »Unzulänglichkeiten« vor allen breitzutreten?

Bei wie vielen Feiern habe ich schon darum gebeten, meine Versuche, die Jungs so weit wie möglich von ihren Handys fernzuhalten, nicht mit Bemerkungen wie »Ach, komm Doris, lass die beiden doch ...!« zu sabotieren.

Wo sie doch gerade bei solchen Anlässen ohnehin schon so viel mit Handy & Co. beschäftigt sind, damit ich mich besser um die Gäste kümmern kann.

Aber Kindern wider besseres Wissen eine Freude zu bereiten, ist eben einfacher und vor allem angenehmer, als sich an meine unpopulären Bitten zu halten. Außer im Fall von Tante Alma, deren einzige Freude im Vorführen von Max besteht. Die würde ihm nämlich das elektronische »Teufelszeug« am liebsten bis zum achtzehnten Geburtstag streichen.

Und bei unserem Hund war es heute – Überraschung! – nicht anders. Wie immer war meine gesamte Familie zu unserem traditionellen Weihnachtsessen am 25. Dezember eingeladen. Natürlich auch Tante Alma, deren letzter Besuch mit zerkratzten Beinen geendet hatte, nachdem Benji beim Hochspringen ihre Stützstrumpfhose so zerstört hatte, dass davon innerhalb von Sekunden nur mehr ein Knäuel Polyamidfäden übrig war.

Wie in den vergangenen Jahren auch, war sie mit Onkel Hermann und Tante Hilde gekommen, obwohl sie Haralds Tante ist und am ersten Weihnachtsfeiertag nur mein Teil der Familie kommt. Angeblich ist ihr das lieber so, weil sie dann nicht selbst fahren muss und Eierpunsch trinken kann. Ich vermute allerdings eher, dass sie die Weihnachtsfeierlichkeiten mit Haralds Familie – traditionell am 26. Dezember – meiden möchte, da sie sich vor fünf Jahren mit ihrer Schwester so sehr zerstritten hat, dass die beiden Damen seither kein Wort mehr miteinander wechseln.

Auch mein Cousin Bernhard beehrte uns das erste Mal seit seinem Umzug nach London. Ich freute mich wirklich darüber, denn er fehlt mir sehr: Wir haben unsere gesamte Kindheit zusammen verbracht und stehen einander so nahe wie Geschwister. Wobei ich sagen muss, so gerne ich ihn habe, als Kind war er extrem anstrengend: laut, ständig in Bewegung, nur Unsinn im Kopf, wegen jeder Kleinigkeit auf hundert, konnte bei keinem Spiel verlieren, wollte immer bestimmen ... ja, im Grunde nicht anders als Max. Ach Gott, die lieben Gene ...

Apropos Gene: Gerade deshalb war ich auch schon sehr gespannt auf Bernhards Sohn David, der mittlerweile vier Jahre alt ist. Ich habe den Kleinen vor knapp drei Jahren das letzte Mal gesehen und war natürlich neugierig, wie er sich entwickelt hat. Gleichzeitig hatte ich aber auch ein wenig Bammel vor einem Zusammentreffen von Benji und einem Vierjährigen. Noch dazu bei David, von dem ich am Telefon schon allerlei Geschichten gehört hatte, die mich stark an Klein-Bernhard erinnerten.

Als ich mir daher meinen Cousin mit seinem Mini-me vorstellte und obendrein noch seine Frau Tanja, die auf antiautoritäre Erziehung setzt, wurde ich durchaus ein wenig nervös. Ihre Einstellung ist, Kinder nicht mit Regeln in ihrer Entwicklung zu hindern und ihnen auch keine Grenzen zu setzen, damit sie den größtmöglichen Freiraum zur Entfaltung ihrer Talente haben.

So ein Unsinn! Ich verstehe einfach nicht, dass sie nicht erkennt, wozu diese vermeintlich gewährte Freiheit führen kann, denn dass David nicht unproblematisch ist, zeigt sich ja schon allein daran, dass sie mir am Telefon immer wieder ihr Leid mit ihm klagt. Wenn ich ihr dann aber erklären will, was für Smartie und Max am besten funktioniert, hat sie tausend Gründe, warum sie das für David nicht möchte. Und so habe ich mir abgewöhnt, dazu überhaupt noch etwas zu sagen.

Aber nun ging es ja nicht mehr nur um die Erziehung des Kleinen, sondern um Benjis und letztendlich auch um Davids Sicherheit. Hunde sind nun mal Tiere und keine programmierbaren Maschinen, da sind Regeln im Umgang zwischen Heranwachsenden und Vierbeinern besonders wichtig. Ich bin überzeugt, wenn man Kindern eindringlich erklärt, dass Hunde nicht gestört werden sollen, wenn sie in ihrem Körbchen liegen oder fressen und fremde Hunde nur gestreichelt werden dürfen, wenn vorher (!) gefragt und die Zustimmung auch gegeben wird, gäbe es viel weniger schlimme Vorfälle zwischen Vierbeinern und Kindern.

Umgekehrt muss der Hund natürlich gelernt haben, dass Kinder zu akzeptieren sind, auch wenn sie wild herumlaufen. Er darf sie nicht anrempeln, anspringen oder ihnen etwas wegnehmen. Leider, so habe ich kürzlich gelesen, passieren die meisten Beißunfälle in der Familie mit dem eigenen oder einem wohlbekannten Hund. Vermutlich, weil man da einfach zu viel Vertrauensvorschuss gibt.

Aber ich bleibe dabei: Klare Regeln für beide Seiten können einiges davon verhindern.

Insgesamt war ich in Bezug auf Benji allerdings zuversichtlich, dass der Nachmittag entspannt verlaufen würde. Wir haben mit unserem Vierbeiner in letzter Zeit wirklich riesengroße Fortschritte gemacht, vor allem was das Bleiben in seinem Körbchen anbelangt, wenn es an der Tür klingelt. Dieses Szenario schien mir noch vor ein paar Wochen völlig unvorstellbar, aber nachdem wir (und ja, damit meine ich auch Harald) fleißig trainiert und sukzessive die Schwierigkeiten gesteigert haben, gelingt das nun außerordentlich gut.

Aber wir würden ja sehen, was das »Bleib!«-Training für Erfolge gebracht hat, wenn mehr als nur wir Vier im Haus waren. Ich hoffte große, denn die letzten Wochen waren sehr arbeitsintensiv gewesen. Bis vor Kurzem hatten wir Benji sicherheitshalber bei seinem Körbchen angeleint, damit er im Falle des Nicht-Bleibens beim Türklingeln nicht zum Erfolg kommt, das heißt, nicht zum Eingang rennen kann.

Davor hatten wir eingehend typische Schlüsselreize trainiert, wie ich es mit Corinna besprochen hatte. Uns war nämlich gar nicht bewusst, dass alleine das Wort »Hallo!« ein so schwieriger Schlüsselreiz für Benji ist, dass er – wenn man es zu Hause glaubwürdig ausspricht – schon bellend zur Tür startet.

Um ihn daran zu gewöhnen, dass er bei Aktionen, die mit dem Kommen oder Gehen von Menschen verknüpft sind, auf seinem Platz bleibt, hatten wir Benji mindestens zehnmal täglich in sein

Körbchen geschickt und sein mittlerweile sehr verlässliches »Bleib«-Signal hinzugefügt, das er über sein Impulskontroll-Trainingsprogramm schon wirklich gut verinnerlicht hat – auch bei anderen für ihn spannenden Reizen wie fliegenden Bällen, Begrüßungssituationen und geworfenen Leckerlis.

soisserbrav.com/impulskontrolle

Jedenfalls sind wir dann auch mindestens zehnmal pro Tag zur Haustür gelaufen und haben ihn beim Zurückkommen dafür belohnt, dass er geblieben ist. Dazu haben wir dann eben Reize, wie das Scheppern mit dem Schlüsselbund, an der Tür Anklopfen und das so vielverheißende Wort »Hallooo!« hinzugefügt und ihn immer wieder belohnt, wenn er gehorcht hat.

Jedes Familienmitglied im Hause Bergmann hatte auch die Aufgabe, vor dem Nachhausekommen anzurufen, damit der jeweils Anwesende mit Benji das Bleiben im Körbchen üben konnte, wenn jemand aufsperrt oder klingelt. Das Training mit unserem Hund entwickelte sich dann innerhalb von ein paar Tagen zu einem echt witzigen Wettbewerb, in dem es darum ging, bei wem Benji denn nun am besten auf seinem Platz bleibt.

Zum Thema Klingeln fand ich Corinnas Erklärung im Übrigen äußerst interessant. Hunde werden nicht mit dem Reiz-Reaktions-Muster »Klingeln – Aufspringen – Bellen« geboren. Türschellen und Ähnliches haben zunächst gar keine Wirkung auf Hunde. Nachdem der Mensch aber jedes Mal aufspringt, wenn die Klingel ertönt, lernen Struppi & Co., dass bei besagtem Geräusch etwas Spannendes passiert.

Neo-Hundehaltern rät unsere Trainerin daher immer dazu, die Schelle mal 30 Sekunden lang zu ignorieren, und dann erst zur Tür zu gehen, oder auch zwischendurch einfach mal ins Leere zu klingeln, ohne dass etwas passiert, damit der Hund das Bimmeln an der Tür nicht mit dem Ankommen eines Besuchers assoziiert und ganz aufgeregt losrennt.

Wenn ein Handy klingelt, reagieren die meisten Hunde ja auch nicht, genauso wenig wie bei der Mikrowelle oder der Eieruhr beim Kochen.

Das heißt, es geht nicht um das Klingelgeräusch, das den Hund in Aufregung versetzt, sondern um die Folgehandlung, die damit verknüpft ist. Das haben wir bei Benji damals nicht gewusst, daher mussten wir ordentlich trainieren, das ganze Klingel-Szenario wieder möglichst unspannend für ihn zu machen.

Erstaunlich war auch die positive Auswirkung, die die veränderte Position des Körbchens hatte. Früher stand es direkt neben dem Übergang vom Flur ins Wohnzimmer, wo Benji die beste Übersicht auf alle relevanten »Überwachungsbereiche« hatte und Corinnas Ansicht nach nicht wirklich zur Ruhe kommen konnte, weil ständig jemand vorbeilief.

Aber in seinem Körbchen am neuen Platz am Ende des Wohnzimmers, wo er uns und das Geschehen zwar auch sehen, aber nicht mehr so gut kontrollieren kann, lief das Bleib-Training schlagartig besser. Und sogar wenn Harald nach Hause kommt, den Benji immer mit Anlauf begrüßt hatte, klappt es schon richtig gut.

Genau das veranlasste mich dann, es vor ein paar Tagen auch mit dem von unserem Hund so verhassten Postboten zu versuchen. Ich weiß nicht, was genau es ist, aber Benji kann sein Erscheinen durch drei Mauern hindurch erspüren. Wahrscheinlich ist sein lautes Moped daran nicht ganz unschuldig.

Aber unser Vierbeiner hatte gerade einen richtig guten Tag und so wagte ich den Postboten-Versuch. Vorerst war Benji sicherheitshalber noch auf seinem Platz, am Couch-Bein, angeleint, gesichert.

Aber siehe da: Bis auf zwei, drei Beller aus dem Körbchen heraus, die ich einfach ignorierte, lief es wunderbar. Dafür gab es dann ein wohlverdientes, knackiges Schweineohr.

Ich habe das Gefühl, die »Liegenbleiben lohnt sich«-Methode ergibt für Benji nun wirklich Sinn.

Wir waren also – abgesehen von der Unbekannten »David« – bestens für das große Weihnachtsessen gewappnet. Wesentlich war jetzt nur, dass unsere Gäste auch mitspielten. Bereits am Telefon hatte ich jedem vorsorglich erklärt, dass wir mit unserem Hund gerade in der Übungsphase sind und es daher überaus wichtig ist, ihn beim Hereinkommen völlig zu ignorieren. Wenn alle viel Aufhebens um ihn machten, würde das nur in wildem Umherspringen und Chaos enden.

Um sicherzugehen, dass der Moment des Ankommens der Gäste – der ja bei Kontrollettis wie Benji eine besondere Herausforderung ist – auch wirklich gut gehen würde, blieb Harald bei unserem Hund und ich wollte im Flur noch mal an das »Benji bitte ignorieren«-Gebot erinnern. Das war aber vorerst unmöglich, da wie so oft alle auf einmal kamen. Pünktlichkeit hat auch Nachteile! Es bot sich zwischen Begrüßungen und dem Abnehmen von mitgebrachtem Kuchen und Mänteln einfach keine Gelegenheit dafür.

Plötzlich vernahm ich Benjis hohes Fiepen aus dem Wohnzimmer. Es war dieser typische Frustlaut, den er immer von sich gibt, wenn er ungeduldig auf etwas warten muss. Seit Wochen war der nicht zu hören gewesen, aber natürlich gab er ihn heute zum Besten, wo er im Flur ja offenbar eine Menge verpasste. Außerdem war ihm mit Sicherheit schon den ganzen Tag unsere leichte Anspannung nicht entgangen. Also setzte ich an, etwas lauter zu reden, um unseren Hund zu übertönen, weil ich genau wusste, was passieren würde, wenn einer der Gäste das »arme Tier« jammern hörte.

Zu spät. Onkel Hermann, der am nächsten bei der Wohnzimmertür stand, hatte Benji gehört, schob mich mit seiner ureigenen, plumpen Art zur Seite und eilte ins Wohnzimmer.

»Du armer kleiner Zirkushund, wirst so dressiert und musst in deinem Körbchen bleiben. Darfst nicht mal Hallo sagen, na, dann komm ich mal zu dir!«, hörte ich ihn Benji entgegenflöten. Was der natürlich zum Anlass nahm, loszurennen und die gesamte Familie herumspringend und wild schwanzwedelnd zu »empfangen«. Harald warf mir einen »Sorry, dagegen konnte ich nichts machen«-Blick zu und Tante Alma stellte sich sofort ängstlich an die Wand und hielt sich ihre Handtasche vor die Beine.

Vermutlich hatte Onkel Hermann Benjis Rumspringen und das wilde Wedeln mit seiner Rute auch völlig fehlinterpretiert. Die meisten Menschen denken ja, dass Schwanzwedeln bei Hunden ausschließlich ein Ausdruck der Freude ist, dabei will der Hund damit Erregung als solche äußern. Diese kann zum Beispiel jagdlich, sexuell, aggressiv, aber eben auch freudig oder aufgeregt sein.

Wenn ein Hund beispielsweise wie verrückt im Mäuseloch buddelt oder mit einer Rute, die in Verlängerung des Rückens langsam schwingt, eine Beute verteidigt, freut er sich nicht im klassischen Sinne darauf, was gleich folgen wird, sondern verleiht einfach nur seiner Aufregung Ausdruck. Das jetzt in dem ganzen Tohuwabohu Onkel Hermann zu erklären, wäre allerdings sinnlos gewesen.

Ich zählte daher innerlich von zehn rückwärts und es kam letztendlich einer zen-buddhistischen Gelassenheitsübung gleich, Onkel Hermann keinen Vorwurf dafür zu machen, dass er genau das Gegenteil dessen tat, worum ich gebeten hatte.

Als ob Benji nicht schon aufgedreht genug gewesen wäre, legte Tante Hilde noch einen drauf, klatschte zweimal in die Hände und beugte sich zu unserem Vierbeiner mit den Worten hinunter: »Ja, wo isser denn, der große Benji-Junge? Ja natürlich haben wir auch für dich ein ganz wunderbares Weihnachtsgeschenk mit! So ein Feiner bist du, so ein Feiiiner!«

Ich gab auf. Die beiden fingen sich zwar einen wirklich bösen Blick von mir ein, aber Onkel Hermann rechtfertigte sich mit »Ach Doris, er hat uns doch schon so lange nicht gesehen!«, während er Benji den Kopf tätschelte.

Wie kann man nur so ignorant sein und meinen, es besser als der Hundehalter selbst zu wissen? Wochenlang haben wir nun geübt und dann das! Ich weiß wirklich nicht, welchen Teil von »IG-NO-RIE-REN« die Menschen so schlecht verstehen. Offenbar fällt es unendlich schwer, alte Muster abzulegen, vor allem, wenn man den Sinn hinter bestimmten Maßnahmen nicht versteht.

Manchmal habe ich allerdings auch den Eindruck, viele Menschen wollen nur aus Höflichkeit dem Halter gegenüber zum Hund freundlich sein. Was verständlich ist. Selbst ich fürchte oft, der Besitzer könnte denken, ich hätte kein Herz für sein Tier, weil ich kein Begrüßungs-Tamtam mit dem Hund veranstalte.

soisserbrav.com/begruessung

Als ich letzte Woche Frau Schornheimer besuchte, um ihr einige Weihnachtskekse vorbeizubringen, kam ich in genau so eine Situation. Nachdem sie mich hereingebeten hatte, begrüßte ich Frauchen zuerst und ignorierte Bella zunächst mal. Hunde werden nur in unnötige Aufregung versetzt, wenn man um den Moment des Ankommens zu viel Aufhebens macht. Sie sollen lernen, dass sie eher Aufmerksamkeit bekommen und begrüßt werden, wenn sie sich gelassen verhalten – und das muss der Mensch auch vorleben, um es dem Hund leichter zu machen. Daran sollten sich idealerweise auch Besucher halten ...

Und gerade weil Frau Schornheimers Hündin ohnehin immer so überdreht ist und durch ihre Leibesfülle und Atemprobleme schon bei der kleinsten Anstrengung knapp vorm Hyperventilieren ist, wollte ich ihr die unnötige Aufregung ersparen.

Doch die arme alte Dame verstand die Welt nicht mehr. Ich konnte ihr richtig ansehen, wie verwirrt und verletzt sie war, weil ihrer geliebten Bella nicht die Aufmerksamkeit zuteilwurde, die sie sich für ihre Hündin wünschte. Aber auch Bella stand mit ihren herauszufallen drohenden Glupschaugen völlig verdutzt da, weil Frauchen sie doch auch immer wie verrückt begrüßte. Also rief ich ihr dann doch ein flüchtiges »Ja, hallo Bella« zu und versuchte, den kleinen Mops zumindest nur dann zu streicheln, wenn er nicht gerade an mir hochkletterte und meine Aufmerksamkeit einforderte.

In solchen Momenten merke ich, welcher Umdenkprozess in mir schon stattgefunden hat. Denn ich verstehe jetzt wirklich, warum all diese Maßnahmen so viel Sinn ergeben. Zugegeben, im Fall von Bella wohl nur herzlich wenig, aber dass Hunde bei der Begrüßung nicht die erste Geige spielen sollten, war ich nun schon richtiggehend gewöhnt.

Frau Schornheimer blieb jedenfalls dennoch irritiert von meiner gedrosselten Zuneigung ihrer Hündin gegenüber und erklärte mir jedes Mal, wenn Bella an meinem Bein kratzte oder mich mit ihrer Schnauze stupste, dass ihr Hund gestreichelt werden wollte. Um die alte Dame nicht zu verletzen, tat ich ihr dann den Gefallen, denn zu Menschen wie ihr würde nicht mal Corinna durchdringen. Auch wenn es mir für Bella, die mit der vielen Liebe und dem Kühlschrankinhalt von Frau Schornheimer regelrecht überfüllt wird, einfach nur leidtut.

Wenn aber explizit darum gebeten wird, den Hund nicht zu beachten, weil man ihn gerade trainiert, kann es ja nur reiner Egoismus sein, den Wunsch des Halters zu ignorieren. Dann geht es höchstwahrscheinlich nur darum, das wuschelige Fell zu fühlen oder die ungeteilte Aufmerksamkeit des Vierbeiners zu bekommen. Für den Hund ist das Begrüßungstamtam jedenfalls nur unnötige Aufregung, ein paar Minuten später kann er durch das Okay des Halters den Gästen viel entspannter und kontrollierter »Hallo« sagen.

Um den Weihnachtsfrieden zu wahren, blieb mir jedoch nichts anderes übrig, als nicht viel Aufhebens um die übergriffige Reaktion von Onkel und Tantchen zu machen. Also brachte ich Benji an seinem Brustgeschirr ruhig, aber bestimmt wieder an seinen Platz, leinte ihn an, ohne ihn zu rügen und gab ihm, um ihm die Situation zu erleichtern, einen lecker gefüllten Kong.

Natürlich könnte man streng genommen behaupten, dass ich ihn damit in seinem Fehlverhalten bestätigt habe. Aber erstens war die Ablenkung durch Onkel Hermann und Tante Hilde viel zu massiv gewesen, als dass Benji ein Bleiben in seinem Trainingsstand schaffen hätte können. Zweitens war er nicht fürs Aufstehen belohnt worden, sondern für die Tatsache, dass er nun wieder auf seinem Platz lag. Und drittens kann man in wirklich schwierigen Situationen auch schon mal ein bisschen nachhelfen, um sich die für solche Feiern nötige Ruhe zu verschaffen. Die Kinder dürfen ja bei derartigen Anlässen auch mehr mit Handy und Playstation spielen als normalerweise.

»Ihr dürft Benji gerne gleich begrüßen, wenn etwas Ruhe eingekehrt ist«, ließ ich unseren Besuch wissen, nachdem ich dem Hund seinen Knochen gebracht hatte. »Bis dahin tut einfach so, als wäre er nicht da. Kein Anschauen, kein Anfassen, kein Ansprechen«, fasste ich kurz und bestimmt zusammen, um die aufkommende Aufregung um unserem Hund schnell wieder im Keim zu ersticken.

Corinna hatte wirklich recht gehabt, als sie mir damals sagte, dass ich gerade bei Verwandten von Anfang an sehr klare Worte finden müsste. Ich warf Onkel Hermann und Tante Hilde noch mal einen strengen Blick zu. Hatten sie nun verstanden?

Aber auch meinem Cousin musste ich nochmals verdeutlichen, dass Benji in Ruhe gelassen werden sollte. »Bernhard, bitte achtet darauf, dass David den Hund auf seinem Platz nicht stört. Er ist wirklich total nett mit Kindern, aber er braucht seinen ungestörten Rückzugsbereich, wenn es ihm mal zu viel wird, und der ist eben sein Körbchen.« Alle sahen mich betreten an, als hätte ich nach einem Kriegsausbruch eine Rede zur Lage der Nation gehalten.

Auch Onkel Hermann wollte zum »Aber der ist doch sooo brav« ausholen, schluckte seinen Kommentar aber, nachdem Smartie noch eins drauflegte und meinte, der Hund sei halt wie Max: zu viel Aufmerksamkeit tue ihm nicht gut. Klar, dass sich Smartie für diese Ansage einen Rempler von Max einfing, woraufhin die beiden begannen, sich gegenseitig Nettigkeiten an den Kopf zu werfen und Tante Almas Augenbrauen, wie immer in solchen Situationen, um eine Etage höher rutschten.

Normalerweise sind mir derartige Hahnenkämpfe der Jungs äußerst unangenehm, vor allem weil Tante Alma ohnehin nur drauf zu warten scheint, dass sich unsere Kinder außerhalb der (ihrer!) Norm verhalten und sie eine wunderbare Gelegenheit kriegt, ihre eingemotteten Erziehungstipps von 1950 zum Besten zu geben. Aber in dem Fall war ich für die Ablenkung dankbar, denn nun gingen alle dazu über, Tante Alma mit Fragen nach ihrem letzten Kuraufenthalt davon abzuhalten, einen auf Supernanny zu machen. So hielt zumindest während des Eierpunsches, den ich als Aperitif vorbereitet hatte, die Impulskontrolle unserer Gäste in puncto Benji an.

Was die Erziehung von David anbelangt, gab es aber wirklich noch deutlich Luft nach oben. Denn der Kleine durfte sich ganz »selbst ausprobieren«. Mit seiner Art, wirklich jede Schublade aufzuziehen, erinnerte er mich an die Bully-Hündin Lola.

Natürlich hatte ich David eine Kiste mit übrig gebliebenen Spielsachen der Jungs bereitgestellt, die seine Mutter Tanja jedoch nach eingehender Musterung gleich wieder an einen für ihn unerreichbaren Ort stellte, während sie irgendwas von »zu viel Plastik« murmelte. Ich schüttelte innerlich den Kopf, verbat mir aber jeglichen Kommentar.

Als alle zu Tisch waren und Benji eingerollt in seinem Körbchen lag, beschloss ich, das bestehende »Bleib«-Signal mit einem »Lauf« und einer entsprechenden Handgeste aufzulösen, damit nun endlich alle in Ruhe unseren Hund begrüßen könnten, er aber durch mich auch die Freigabe dafür bekommen hatte und es nicht noch mal selbst entschied.

Zwar guckte mich Onkel Hermann fragend an, als er das »Lauf« von mir hörte, da er offenbar erwartete, dass Benji nun im Galopp auf den Wohnzimmertisch zustürmen würde. Aber ich ließ dann einfach Benjis Taten sprechen, anstatt langwierig zu erklären, dass das »Bleib«-Signal mit »Lauf« aber auch mit jedem anderen Wort, das man dem Hund beibringt, aufgelöst werden kann. Bei »Gummiente« hätte Onkel Hermann aber wahrscheinlich noch überraschter dreingeblickt.

Wichtiger als die verbale Freigabe zum Ende des »Bleibens« ist nach Katja aber ohnehin eine eindeutige Handbewegung, die dem Hund parallel zum »Lauf« auch optisch anzeigt, dass das zuletzt gegebene Signal nun beendet ist.

Benji stürmte also, wie erwartet, nicht zum Tisch und fegte auch nicht mehr wie ein Wirbelwind durch die Menge, sondern schnüffelte relativ gemütlich an allen und begrüßte sie freundlich und zurückhaltend.

Diese Momente zeigen mir, dass er in Begrüßungssituationen an der Tür eigentlich oft wegen Überforderung so überdreht reagiert und nicht, weil er die Ankömmlinge schrecken oder irgendwie in Schach halten will. Mein Gefühl, ihn diesem unnötigen Stress nicht auszusetzen, ist also richtig. Aber wenn er die Idee des ruhigen Begrüßens mal verstanden haben sollte, darf er natürlich auch ab und zu wieder mit zur Tür kommen und dort schon »Hallo« sagen. Bis dahin wird es jedoch noch ein wenig dauern.

Doch obwohl diese ruhige Begrüßungsrunde zu einigen »Ahs« und »Ohs« führte, weil Benji »so artig ›Guten Tag‹ gesagt hatte«, war der Abend noch lange nicht gerettet. Denn es gab jede Menge Essbares und ich sah es schon kommen, dass genau jene Familienmitglieder, die sich nicht an meine »Begrüßungsregeln« gehalten hatten, nun versuchen würden, dem Hund heimlich was vom Weihnachtsbraten zuzustecken.

Ich sollte recht behalten. Schon bei der Vorspeise bemerkte ich, wie Tante Hilde eines der Schinkenröllchen, die Harald auf den Tisch gestellt hatte, von seiner Fülle befreite. Benji, der eine besondere Antenne für solche Geschehnisse hat, schlängelte sich schnurstracks zu ihr durch und setzte sich neben sie.

Doch bevor sie ihre Vorbereitungen beenden konnte, betonte ich – die durch Smartie und Max eine mindestens ebenso gute Antenne für heimliche Regelbrüche hat – überdeutlich: »Ich hoffe, euch ist auch klar, dass Benji keinesfalls vom Tisch gefüttert werden darf. Wir wollen dem Hund Betteln bei Tisch gar nicht erst angewöhnen.«

Als ich an den Gesichtsausdrücken von einigen in der Runde merkte, dass sie am liebsten »Ach Doris, was darf der arme Hund denn überhaupt? Und gerade heute an Weihnachten!« geantwortet hätten, ergänzte ich sicherheitshalber: »Außerdem ist er ist schwerer Allergiker und hat mindestens acht Tage Brechdurchfall, wenn er etwas anderes als Pferd und Süßkartoffel frisst!«

Harald und die Jungs schauten mich entgeistert an, begriffen dann aber relativ rasch. Und ich war ziemlich stolz, so schnell eine derart schlaue Ausrede für die heimliche Fütterungsmafia gefunden zu haben, wenngleich Tante Hilde und Onkel Hermann nun komplett enttäuscht dreinsahen, da sie offenbar schon ein Menü aus Schinkenröllchen und Weihnachtsbraten für Benji geplant hatten.

An und für sich habe ich ja überhaupt kein Problem damit, wenn unser Hund am Tisch ab und zu mal gefüttert wird. Auch wenn wir ihn im Biergarten dabeihaben, bekommt er manchmal etwas fürs ruhige Liegenbleiben. Denn gerade dann sollte er in seinem angepassten Verhalten bestärkt werden.

Was ich allerdings auf gar keinen Fall unterstützen und verstärken möchte, ist Bettelei. Und in dem Moment, in dem er dasitzt, den Menschen vor sich anstarrt und telepathisch etwas Fressbares in sein Maul befördert wissen will, sollte man sein Verhalten eben nicht bestätigen, seine Erwartungshaltung soll sich also nicht erfüllen. Wenn er eingerollt neben dem Tisch liegt, ist es kein Problem, ihn anzusprechen und ihm etwas zu geben, sofern er danach nicht in einen Bettelmodus verfällt.

Leider hatte Benji Tante Hildes Vorhaben längst durchschaut und saß jetzt noch ungeduldiger vor ihr. Als sie dann jedoch, anstatt ihn zu ignorieren, sein Fordern mit »Ach, du Armer, ich darf dir aber nix geben«, kommentierte, bellte er sie zweimal fordernd an und sprang in alter »Jetzt mach doch mal«-Manier an ihr hoch. Immerhin hatte er schon im Flur gemerkt, dass er bei ihr mit Nachdruck weiterkommt.

Tante Alma, die direkt daneben saß, erschrak aufgrund der hohen Belllaute so sehr, dass sie vor lauter Schreck die Salatmarinade umkippte, die ich gerade auf den Tisch gestellt hatte. Wie in Zeitlupe floss die Kräutersoße nun an ihrer blickdichten Strumpfhose hinunter. Gute Bilanz, Tante Alma: Zwar war die Strumpfhose heute nicht in Fetzen, dafür aber voller Soße. Ich fragte mich, was noch passieren müsste, dass sie uns irgendwann nicht mehr besuchen kommen würde. Außer dem Umzug in eine Kommune oder die Antarktis fiel mir jedoch nichts ein.

Benji fuhr aufgrund dieses Vorfalls ordentlich zusammen und lief zielsicher auf seinen Platz, als wüsste er schon, was als Nächstes folgten würde. Von dort aus beobachtete er das Treiben in sicherer Distanz. So unangenehm die Situation auch war, zeigte mir das Ganze einmal mehr, dass wir doch einiges richtig gemacht hatten. Benji betrachtete sein Körbchen nämlich offensichtlich nicht als Strafbank, sondern vielmehr als sicheren Rückzugsort. Er sieht es einfach als seine »Couch« und es ist völlig normal für ihn, dort auch tagsüber zu liegen.

Das hat auch damit zu tun, dass wir in letzter Zeit in ganz vielen alltäglichen Situationen darauf bestanden haben, ihn dort zu »parken«. Immer wenn er aufgestanden ist und sich woanders hingelegt hat, haben wir ihm seine neue Stelle ungemütlich gemacht, indem wir quasi durch ihn durchgelaufen sind und ihn an seinem neuen Platz gestört haben, sodass er erst in seinem Körbchen wieder Ruhe fand. Das mag übertrieben klingen, macht sich aber genau für solche Situationen bezahlt, in denen er bei größeren Ablenkungen dort bleiben sollte.

Am Tisch war das Aufsehen weiter groß, Tanta Alma machte eine übliche Szene und Harald versuchte, ihr dabei zu helfen, mit Wasser und Schwamm die Flecken aus Rock und Strumpfhose zu bekommen. Allerdings platzte mir fast der Kragen, als Onkel Hermann das Geschehen dann mit »Na, wirklich toll erzogen ist der Benji!« kommentierte und seine unnötige Aussage mit einem übertrieben lauten Lacher ergänzte.

Es hätte nicht viel gefehlt und ich hätte ihm gesagt, dass das alles nicht passiert wäre, wenn seine Frau nicht angefangen hätte, Benji etwas von ihrem Schinken abgeben zu wollen. Aber die Stimmung war aufgrund des zweiten »Benji-Dramas« in Folge schon angespannt genug, und so sprach ich nicht aus, was sich alle anderen am Tisch ohnehin mit Sicherheit dachten. Mir war jedenfalls endgültig klar, dass ich die morgige Feier mit dem Rest von Haralds Familie ganz anders angehen müsste.

Während des Weihnachtsbratens lief dann alles wieder verhältnismäßig entspannt. Immerhin lag Benji ruhig in seinem Körbchen, allerdings mit einem offenen Auge, weil er die Schinkenrolle von vorhin bestimmt noch nicht vergessen hatte.

Der weihnachtliche Frieden sollte jedoch nicht lange anhalten, denn als ich die schmutzigen Teller in die Küche brachte und Harald gerade stolz von seinen letzten Anglererfolgen berichtete, hörte ich plötzlich ein lautes »Neiiin Benji, niiiicht!« von Tanja.

Schnell stellte ich das Tablett ab und rannte ins Wohnzimmer, wo der kleine David laut weinend vor Benjis Körbchen stand. Hatte unser Hund etwa nach ihm geschnappt? Wohl kaum, sonst wäre Tanja bestimmt aufgeregter gewesen. Aber was war dann los? Warum die Tränen?

Betreten versuchte Bernhard mir schonend beizubringen, was geschehen war. David hatte sich in einem unbeobachteten Augenblick offenbar einige Schinkenröllchen geschnappt und in seine Hosentasche gestopft. Die wollte er dann wohl heimlich an Benji verfüttern, wie er es sich von Tante Hildes Fütterungsvorbereitungen abgeguckt hatte.

Doch als er dann mit einem der Dinger in der Hand zu Benji lief, konnte der sich natürlich nicht mehr beherrschen und stahl dem Kleinen – wohl etwas früher als geplant, aber bestimmt vorsichtig mit langer Nase – die Wurst. Na ja, immerhin war er liegen geblieben und ließ sich sein Futter servieren. Mich ärgerte jedoch sehr, dass Bernhard und Tanja sich nicht an die Vereinbarung gehalten und David zu Benji hatten laufen lassen.

Ich kenne Benjis grundsätzlich netten Umgang mit Kindern zwar, aber ich würde niemals – für keinen Hund der Welt – die Hand ins Feuer legen und Kind und Hund alleine lassen. Es könnte ja sein, dass unser Vierbeiner plötzlich glaubt, sein Körbchen vor dem daherstolpernden Jungen verteidigen zu müssen. Oder ein Hund wehrt sich, weil das Kind befindet, dass sich die Erbsen am Teller besser als Füllmaterial für Hundeohren als für den eigenen Verzehr eignen. Es gibt einfach zu viele Szenarien, in denen ich keinem Tier blind vertrauen würde.

Hunde haben in der Regel nichts gegen Kinder, aber oft gegen ihre Art, sich manchmal abrupt, ungeschickt oder sehr schnell zu bewegen. Wenn das Tier dann noch gelernt hat, vieles im Alltag auch selbst kontrollieren und regeln zu müssen, ist die Erziehung beziehungsweise Zurechtweisung eines zweibeinigen »Welpen« aus Sicht des Hundes umso legitimer. Genau deshalb ist es laut Corinna so wichtig, für Kind und Hund geschützte Bereiche zu schaffen. Quasi eine Schutzzone wie beim Fangen spielen, wo jeder eine Auszeit nehmen kann, wenn er sie braucht.

Ich hätte einfach wissen müssen, dass mein chaotischer Cousin und seine Wattebausch-Methoden-Frau diese Regel nicht einhalten und David gedankenlos in Benjis Schutzzone laufen lassen würden. Wäre es ein Kamin gewesen, hätten die beiden mit Sicherheit wachsamer agiert, aber hier war es ja nur der Hund. Der dann, wie aus dem Nichts – so liest man oft – plötzlich gebissen hätte.

Gebissen worden war David aber gar nicht. Warum dann die besorgten Gesichter der Verwandtschaft? Vor allem Tante Hilde wurde ganz blass. Doch dann dämmerte es mir plötzlich, als sie sagte: »Müssen wir den Tierarzt rufen? Ich glaube, er beginnt schon zu erbrechen!«

Genau, die »Allergie«! Aber Benji, der aufgrund der zu schnell verschlungenen Schinkenstücke tatsächlich ein wenig herumwürgte, zeigte natürlich keinerlei Anzeichen einer allergischen Reaktion.

Um zu erklären, warum ich nicht gleich die Tierrettung verständigte, meinte ich, dass ich mir bei dieser kleinen Menge keine Sorgen machen würde – im Grunde genommen kompletter Unsinn, denn echte Allergiker reagieren ja meist schon auf geringste Mengen eines Allergens. Aber zum Glück gehört meine Familie nicht zu der Sorte, die sich mit solchen Dingen sonderlich gut auskennt.

Als sich die Lage wieder beruhigt hatte und Tante Almas Strumpfhose wieder sauber war, servierte ich zum Dessert traditionell meine Rotweincreme, obwohl ich kurz überlegt hatte, die bei all den Pannen heute doch lieber im Kühlschrank zu lassen, und auf Plan B – nur Weihnachtskekse und Kuchen – auszuweichen. Aber zum Glück blieben weitere Vorfälle aus. Vermutlich auch, weil sich nun niemand mehr traute, irgendwas zu tun.

Hatte ich übertrieben reagiert? Ich denke nicht. Im Gegenteil, ich hätte von Anfang an noch klarer sein müssen, aber fürs nächste Mal, spätestens bei Smarties Geburtstagsfeier im März, bin ich gewappnet. Wobei ich eigentlich hoffe, dass Benji dann einen so guten Trainingsstand erreicht hat, dass man die Verwandtschaft nicht mehr bezüglich ihres Verhaltens briefen muss. Gott sei Dank hat Corinna mir schon gesagt, dass wir so einen »Bitte den Hund ignorieren. Bitte den Hund nicht füttern. Bitte den Hund in seinem Körbchen nicht stören«-Zirkus nicht ein Leben lang veranstalten müssen, wenn seine Erziehung erst richtig gut sitzt.

Jedenfalls gab es nach dem Essen jede Menge Geschenke, vor allem für unsere Jungs und David. Und von Onkel Hermann und Tante Hilde eben auch eines für Benji. Ich muss sagen, ich staunte nicht schlecht, als ich sah, was es war: Eine neue »Sophie«, die von der alten kaum zu unterscheiden war.

Ich musste wirklich schlucken, denn Onkel Hermann hatte nicht wissen können, dass die Gummigiraffe Benjis Lieblingsspielzeug war, ich diese aber vor zwei Tagen entsorgt habe. Katja, die vorgestern auf einen Kaffee da gewesen war und sich Benjis tolle Trainingsfortschritte ansehen wollte, hatte nämlich mit der alten Sophie Bekanntschaft gemacht, als Benji sie ihr zum Werfen in den Schoß legte. Max, diese Rübe, hatte die Giraffe offenbar irgendwo rumliegenlassen, nachdem er sie am Vortag ein paar Mal für Benji geworfen hatte.

Klar ignorierte Katja seinen Versuch, sie zum Spielen aufzufordern. Aber nicht nur, um mein Training mit ihm nicht zu sabotieren, sondern auch, weil sie von ihrer Schwester, die zwei Kinder im Alter von einem und zwei Jahren hat, wusste, dass diese Gummiteile oft hygienisch höchst bedenklich sind. »Nimm dem Hund die Giraffe weg und schneide der mal den Hals ab. Du wirst sehen, welch pelzig-schleimige Überraschungen dich da drin erwarten.«

Und wirklich: Als ich nach Katjas Besuch der Giraffe neugierig den Kopf öffnete, bestätigte ein Blick in das Innere des Gummitiers Katjas Aussage. Während Sophie außen ein beiges Outfit mit braunen Tupfen trug, war sie innen mit einer Mischung aus schwarzem Schimmelpilz mit Schleimbatzen überzogen. Ich war kurz davor mich zu übergeben, so angewidert war ich von dem Anblick. »Sorry, Sophie, sorry, Benji«, murmelte ich und beförderte das geköpfte Gummiteil in den Abfalleimer.

Hatte Onkel Hermann telepathische Kräfte oder doch mehr Feingefühl, als er nach außen hin vermuten ließ? Ich freute mich jedenfalls für Benji über dieses nette Geschenk, das Max stellvertretend für unseren Hund auspackte. Den rief ich natürlich gleich zu uns, damit Onkel Hermann ihm Sophie II selbst geben konnte. Nach all der Aufregung beim Ankommen und während des Essens war jetzt endlich Frieden in die Runde eingekehrt.

Nachdem gegen 18:00 Uhr dann alle die Heimreise antraten, beschloss ich, noch eine Runde mit Benji zu drehen, um meinen Kopf ein bisschen durchzulüften, während Harald so lieb war, gemeinsam mit den Jungs das Schlachtfeld in der Küche zu beseitigen.

Benji hatte sich insgesamt wirklich gut geschlagen, unsere Besucher jedoch nicht. Das nächste Mal muss ich unsere Gäste, egal, ob Familie oder nicht, unbedingt schon im Vorgarten darauf hinweisen, was »den Hund ignorieren« tatsächlich bedeutet. Und ich werde viel bestimmter sein und nicht so vorsichtig darum bitten. Die Klarheit und Bestimmtheit, die ich gelernt habe, bei Benji an den Tag zu legen, kann ich jetzt durchaus auch für Besucher nutzen. Nie hätte ich gedacht, einmal sagen zu müssen, dass die schwerer erziehbar sind als unser Hund!

BENJI, 25. DEZEMBER

Okay, okay, ich gebe mich geschlagen. Zumindest, was meinen Security-Job angeht. Den hab ich nämlich nun wirklich an Frauchen übergeben, weil sie sich einfach als geeigneter dafür erwiesen hat. Und auch Herrchen zeigt immer mehr Haltung und drängt sich in die Poleposition. Sogar den doofen Typen mit dem lauten Gefährt haben die beiden jetzt endgültig übernommen.

Aber was soll's, meine nachhaltigen Bemühungen, ihm klarzumachen, nie wieder hier aufzukreuzen, haben ja ohnehin nicht gefruchtet. Also penn ich lieber gemütlich in meinem Korb, egal wer kommt, auch wenn es der ätzende Typ ist, der sich fast täglich an dem Kasten beim Gartentor zu schaffen macht.

Noch dazu lohnt sich das Bleiben im Körbchen so richtig. Als ob es ein magischer Platz wäre, passieren dort immer wieder gute Sachen und es werden mir haufenweise Kekse und andere Leckereien gebracht, wenn ich nicht aufstehe. Also ignorier ich nun rund um mich alles, lasse Herrchen und Frauchen die Dinge regeln und warte darauf, dass etwas Leckeres in meinem Körbchen landet.

Nur heute gab es einen kleinen Rückfall. Als nach dem Klingeln und meiner obligatorischen Belohnung fürs Bleiben, die es diesmal von Herrchen gab, mit einem Mal ein behäbiger Mann auf mich zukam und irgendwas sagte, schoss ich los, weil ich meine Neugierde nicht mehr im Zaum halten konnte. Wollte er mich bedrohen, wie ein Hund, wenn er nach vorne gebeugt auf mich zuschleicht, oder war er einer von denen, die nur so taten und dann plötzlich was Leckeres aus der Tasche zauberten?

Ich musste es genauer wissen und ihn gründlich unter die Lupe nehmen. Bei ihm angekommen, stellte ich allerdings fest, dass sich noch weitere Eindringlinge im Flur verschanzt hatten. Also sprang ich an jedem hoch, lief wild herum, weil ich nicht wusste, wen ich zuerst abchecken sollte, und wedelte wie verrückt mit dem Schwanz, um meine Aufregung irgendwie aus dem Körper zu leiten. Insgesamt konnte ich die Lage nur schwer überblicken.

Noch schwieriger wurde das Ganze, als eine Frau sich plötzlich zu mir nach vorne beugte. Klar fixierte ich sie kurz drohend, weil es da so wahnsinnig eng war und ich ziemlich sicher war, dass sie mich auch einen Moment fixiert hatte. Gut, wirklich böse dürfte sie es nicht gemeint haben, denn die Laute aus ihrem Mund klangen recht beschwichtigend. Alter, warum sind die meisten Menschen so schwer zu verstehen?

Frauchen hätte jetzt sicher helfen können. Wo war sie eigentlich? Ach hier, stellte ich fest, als sie mich an meinem Geschirr zurück ins Wohnzimmer bugsierte. Wie so oft war sie Spielverderberin und Retterin in einer Person. Denn so sehr ich auch alles kontrollieren wollte, merkte ich gleich wieder, wie viel Stress es für mich bedeutete, die Situation nicht richtig einschätzen zu können. Daher war ich ganz erleichtert, dass sie mich am Ende da rausgeholt und wieder zu meinem Platz gebracht hatte. Und dann kam sie auch noch mit dem fetten Teil zum Auslecken. Also dieser Korb funktioniert echt wie der Knopf von so einem Futterautomaten, der immer was Tolles bereitstellt, wenn man ihn drückt.

Sobald ich dann mit meinem riesigen Knochen durch war, merkte ich, wie meine Lider schwer wurden und ich gleich wegdösen würde. Doch gerade als ich davon zu träumen begann, wie ich Balou so richtig einschenkte, rief mich Frauchen von meinem Platz. Oh, ich durfte nun alle begrüßen. Nun denn ... Nachdem die aufregendsten Momente allerdings vorbei waren, beließ ich es bei einem kurzen Abschnüffeln der sitzenden Meute.

Dann passierte aber doch etwas Spannendes, denn ich bemerkte, wie mich die Frau, die mich vorhin schon so komisch fixiert hatte, wieder bohrend anglotzte. Sie hielt ein schönes Stück Fleisch in den Fingern, also stand ich sofort bei ihr auf der Matte. War das etwa für mich bestimmt? Anscheinend. Aber was dauerte da so lang? »Jetzt gib doch mal Gas!«, wollte ich ihr zu verstehen geben und bellte sie kräftig an. Doch noch immer wurde das leckere Teil nicht in mein Maul befördert. Also musste ich die nächste Instanz einleiten und sprang an ihr hoch.

Keine gute Idee, denn plötzlich machte es hinter mir einen riesigen Krach, vor dem ich so erschrak, dass ich sicherheitshalber in mein Futterautomaten-Körbchen floh. Wär ich nur lieber gleich dort geblieben, als von leeren Versprechungen an diesem Tisch enttäuscht zu werden und mir dann auch noch einen halben Herzinfarkt zu holen.

Trotzdem beobachtete ich den Tisch mit einem Auge weiter, vielleicht verirrte sich das lecker duftende Fleischstückchen ja doch noch in meine Richtung – dieser Platz hier hält schließlich immer recht viele Überraschungen bereit. Aber nach dem anstrengenden Spaziergang heute Vormittag und den ganzen Aufregungen war ich einfach zu kaputt, um länger wach zu bleiben und das verheißungsvoll riechende Teil weiterhin im Auge zu behalten.

Erst durch einen verlockenden Duft in meiner Nase wurde ich wieder wach. Mmh, meine Hoffnungen hatten sich anscheinend doch erfüllt. Als ich die Augen öffnete, lag das Stück Fleisch aber nicht etwa vor meinem Platz und auch die Frau stand da nicht. Sondern der kleine Mensch von vorher, der mir schon am Tisch durch seine Tollpatschigkeit aufgefallen war, wankte vor meinem Körbchen rum.

Ich erschrak ehrlich gesagt ziemlich, weil ich diese kleinen Leute durch ihr wackeliges Gehen und die hastigen Bewegungen oft nicht so gut einschätzen kann. Aber der hier musste klargehen, hatte er mir doch eine herrlich duftende Scheibe Wurst mitgebracht. Dass mit ihm gar nichts klarging, zeigte sich jedoch schnell, da er in ein lautes Geschrei verfiel, als ich ihm das Ding aus der Hand nahm. Dabei hatte ich mich extra bemüht, behutsam zu sein, damit nicht wieder irgendeine abrupte Reaktion folgt, und dann das. Ich sag's ja, diese kleinen Gestalten kann ich einfach nicht richtig einordnen.

Die Krönung des Tages war dann neben dem lecker gefüllten Teil, dass einer aus der Runde mich zu sich rief. Ein kurzer Blick zu Frauchen sagte mir, dass es in Ordnung war, aus meinem Körbchen aufzustehen und zu ihm hinzulaufen.

Und dann zauberte er sie hervor, meine Sophie. Ich hatte sie seit einiger Zeit vermisst und da war sie nun wieder. Roch zwar ein wenig anders – sogar sehr anders –, aber ein paar Wurfspiele mit Herrchen und ein bisschen auf ihr wälzen, und sie würde wieder meine einzigartige Duftnote tragen. Geilo, von mir aus können die alle öfter mal kommen, wenn's dann immer Leckvergnügen, Schinken und verloren geglaubtes Spielzeug gibt.

Und das ganz ohne irgendeinen Knopf zu drücken.

KAPITEL 11 ZWISCHEN GENIE UND WAHNSINN

DORIS, 26. DEZEMBER

So, auch der zweite Weihnachtsfeiertag ist überstanden. Ich muss sagen, es lief heute gar nicht mal so schlecht mit Benji. Das mag nicht zuletzt daran gelegen haben, dass Haustiere für einen Großteil von Haralds Familie kein Thema sind und sie mit allem Vierbeinigen, das man nicht in der Küche verarbeiten kann, nicht wirklich etwas anfangen können. Die Sache mit dem Ignorieren machte das natürlich um einiges einfacher.

Für Benji war der Besuch aber auch deshalb entspannter, weil wir seine mobile Transportbox mitgebracht hatten, die er seit einigen Wochen schon vom Autofahren und einigen Übungen im Wohnzimmer kennt.

Corinna hat mir die Box empfohlen, weil Hunde darin im Auto besser zur Ruhe kommen und nicht permanent Außenreize empfangen. Anfangs war ich skeptisch, weil ich diese Dinger eher wie einen Käfig empfunden habe, in dem man den Hund wegsperrt. Aber jetzt weiß ich: Die Box ist genial. Nachdem wir Benji bei uns zu Hause über einen längeren Zeitraum damit vertraut gemacht haben, indem wir sie einfach ins Wohnzimmer stellten, ihn immer wieder reinlockten und ihm dort sein Fressen gaben, sind er und dieses faltbare Teil richtig dicke Freunde geworden.

Im Auto klappte es auf Anhieb wirklich gut und schließlich hat sich die Box auch bei dem einen oder anderen Besuch schon bewährt, weil Benji jetzt in fremder Umgebung nicht mehr mitten im Getümmel bleiben muss.

Der Vorteil ist, dass unser Vierbeiner damit nicht so sehr auf dem Präsentierteller liegt, sondern durch die dunklen Stoffwände etwas versteckt wird, selbst aber gut rausgucken kann. Das erleichtert die Sache mit dem Ignorieren ungemein. Als ich ihn damit sogar mal erfolgreich in ein Seminar einschleusen konnte, weil niemand Zeit hatte, ihn zu betreuen, war die Feuertaufe eindeutig bestanden.

Und auch beim heutigen Besuch bei Haralds Familie bewährte sich die Box einmal mehr. Nachdem Harald am Morgen eine größere Stadtrunde mit Benji joggen gewesen war – was vom einen auf den anderen Tag echt gut geklappt hat, weil Harald nun nicht mehr ständig für Benjis Markierpausen stehen bleibt –, schlief unser Vierbeiner die gesamten zweieinhalb Stunden zufrieden in seiner Box im Wohnzimmer von Haralds Schwester.

Ich hatte kurz überlegt, sie bei unserem Besuch gestern zu benutzen, schon wegen David. Aber zum einen dachte ich eigentlich, dass solche Maßnahmen nicht nötig wären, zum anderen wollte ich mir Diskussionen mit meiner Familie ersparen, bei denen ich hätte rechtfertigen müssen, warum das »arme Tier« in diesen »Käfig gesperrt« wird. Nach den Erfahrungen gestern werde ich die Box für die nächste Feier mit großem Familienaufgebot bei uns zu Hause jedoch auf jeden Fall aktivieren. Zumindest bis wirklich alle verstanden haben, was mit Ignorieren gemeint ist.

Auf dem Heimweg freute ich mich schon richtig darauf, mir mit Benji einen Teil der zweiten Runde Weihnachtsbraten innerhalb von zwei Tagen inklusive Kekssünden runterzulaufen, und ein wenig frische Luft zu atmen. Da Katja mit Ellie meistens ebenfalls um diese Zeit unterwegs ist, fragte ich sie, ob wir gemeinsam gehen wollten und zehn Minuten später kam sie mit Benjis heißer Liebe die Straße herauf.

Bis vor Kurzem habe ich meine Runden mit unserem Vierbeiner alleine gedreht, denn mich mit jemandem zu unterhalten und mich trotzdem auf den Hund zu konzentrieren, hat mich einfach überfordert. Aber vieles ist nun schon zur Routine geworden – wie bei den meisten Dingen im Leben. In einem neuen Job ist es ja auch nicht anders: Am Anfang ist noch alles ungewohnt und keine Fehler zu machen, kostet relativ viel Energie. Doch schon bald automatisieren sich die Abläufe und die Dinge laufen mit viel weniger Anstrengung rund.

Corinna benutzt auch gerne den Vergleich mit der ersten Fahrstunde: Zu Beginn Kupplung, Gas und Bremse zu betätigen, sich um die Schaltung zu kümmern und gleichzeitig auf Straßenschilder und andere Verkehrsteilnehmer zu achten, ist pure Überforderung. Aber schon nach ein paar Wochen Fahrtraining denkt man über all die einzelnen Vorgänge gar nicht mehr nach.

Genauso ist es gekommen. Mittlerweile kann ich beim Gassigehen sogar schon kurze Gespräche führen, während unser Vierbeiner nur mit einer lose hinterherschleifenden Schleppleine gesichert ist. Gerade Katja versteht ja mein »halbes Maß« an Aufmerksamkeit beim Spaziergang.

Die meisten anderen Versuche, gemeinsam mit Benji und meinen Freundinnen rauszugehen, sind allerdings irgendwann gescheitert. Ständig bekam ich zu hören: »Also mit dir kann man nicht mehr spazieren gehen, du kümmerst dich ja andauernd nur um den Hund.« Klar ist mein Ziel, mich bald auf Hund *und* Freundin konzentrieren zu können, aber dafür braucht es jetzt eben noch viel Einsatz.

Wenn ich ihn regelmäßig zu mir rufe und ihn immer wieder in kurze Suchspiele involviere, kann ich seine Aufmerksamkeit wunderbar bei mir behalten. Ob er allerdings Fasan und Hase ignorieren würde, wenn sie seinen Weg kreuzen, ist eine andere Frage. Aber ein Schritt nach dem anderen. Ich bin jedenfalls wirklich zufrieden mit Benjis Entwicklung und freue mich auch sehr für ihn, dass sein Leben nun alleine damit schon um einiges entspannter ist.

Früher bin ich immer davon ausgegangen, man müsse Hunde möglichst »artgerecht« behandeln und sie würden nur mit viel Bewegung und Freiheiten glücklich werden, weil das ihrem Leben in der Natur am ehesten entsprechen würde. Dinge wie Bellen, Anspringen und Markieren waren für mich zwar auch immer eher unangenehm, aber irgendwie normal, weil ich eben dachte »Hunde sind nun mal Hunde«.

In der Zwischenzeit weiß ich jedoch, dass man den Tieren mit »Du darfst ganz Hund sein« wirklich keinen Gefallen tut. Denn wir leben nun mal in einer Gesellschaft, die bestimmte Regeln vorgibt. Daher sollten wir unseren Vierbeinern von Anfang an beibringen, gewisse »Kompromisse« einzugehen, damit sie auf lange Sicht mehr Freiheiten haben.

Wenn für Bello nämlich klar ist, dass er niemanden anspringen, nicht auf andere Menschen und Hunde stürmisch zulaufen oder alles markieren darf, was ihm in die Quere kommt, hat er viel öfter die Möglichkeit, etwas mit seinen Menschen zu unternehmen und zu Besuchen, ins Restaurant oder sogar ins Büro mitgenommen zu werden.

Klar ist es für das Tier erst mal wenig nachvollziehbar, warum es mit einer Schleppleine rumlaufen soll oder schon beim Schnüffeln an einem Tierkadaver zurückgerufen wird, obwohl es sich in den verwesten Überresten eigentlich lieber wälzen würde. Und Vierbeiner, die erst im Junghund- oder Erwachsenenalter lernen, dass Frauchen und Herrchen die Sicherheitsthemen wie Besucher, den

Postboten oder andere Hunde übernehmen, haben sicher auch mal damit zu kämpfen. Aber wenn sie dann verstanden haben, welche Aufgaben sie getrost abgeben können, geht es ihnen ein Hundeleben lang besser.

Leider gibt es aber immer noch viele Hundehalter, die die Chancen ihres Tieres auf ein entspanntes Miteinander mit seinen Menschen dadurch boykottieren, dass sie es nicht entsprechend erziehen. Das ist dem jeweiligen Hund gegenüber nicht fair und hinterlässt zudem ein schlechteres Bild des Hundes in der Öffentlichkeit – zum Nachteil aller Vierbeiner.

Die vorrangige Aufgabe von Herrchen und Frauchen sollte sein, den Hund an die gesellschaftlichen Gegebenheiten anzupassen. Erst im zweiten Schritt kann man dann auf »artgerecht« achten. Neben der entsprechenden Erziehung bedeutet »artgerecht« vor allem hochwertiges Futter – und nicht die »vom erfolgreichen Züchter« empfohlenen Konserven aus dem Supermarktregal – und ausreichend Beschäftigung. Denn zu der müssen wir unseren Vierbeinern verhelfen, weil sie ja nicht alleine um die Häuser ziehen können und sollen.

Erst gestern habe ich auf dem Blog von Corinna gelesen, dass wild lebende Hunde wesentlich mehr zu tun haben als unsere verwöhnten Haustiere. Sie müssen stets wachsam sein, was ihr Territorium betrifft, müssen ihre ganze Familie mit Nahrung versorgen, auf Partnersuche gehen und so weiter. Das Leben da draußen ist viel aufreibender, kostet mehr Kraft und lastet mehr aus, daher kommen die typischen Verhaltensauffälligkeiten unserer Haushunde bei Hunden in freier Wildbahn nicht vor.

Auch Hunde, die durch die moderne Rassehundezucht vor vielen Jahren für spezialisierte Aufgaben wie Hüten, Treiben, Jagen und Bewachen gezüchtet wurden, sind heute maximal noch Minijobber bei Herrchen und Frauchen. So richtig gefordert wird da keiner mehr und deswegen müssen wir ihnen ein paar Aufgaben schaffen.

Viele glauben ja, den Hund einfach im Garten rumlaufen zu lassen, sei ausreichend Betätigung. Auch ich dachte das, als unser

Findelkind bei uns einzog. Doch von Katja und Corinna weiß ich, dass kein Hund der Welt längere Zeit allein im Garten rumlaufen möchte, wenn die Beziehung zu seinen Menschen stimmt und er sie spannend genug findet.

Als soziales Rudeltier sucht der Hund aktiv den Anschluss an Frauchen und Herrchen und will viel lieber in deren Nähe sein, selbst wenn sein Garten so groß ist wie die Ranch von J. R. Ewing. Also müssen wir für die Beschäftigung unserer Vierbeiner sorgen und deren Bedürfnis nach Aufgaben kontrolliert auf sinnvolle Betätigung umlenken.

soisserbrav.com/beschaeftigung

Allerdings kann man es dabei auch übertreiben, wie ich heute feststellen musste, als ich mit Katja durch den Schnee stapfte. Zunächst war noch alles sehr entspannt und ich musste schmunzeln, als Benji seine heiß geliebte Ellie entdeckte. An den kreisenden Propellerbewegungen seiner Rute erkannte ich gleich wieder seine Intentionen gegenüber der kleinen Hündin. Wie immer ließ ich ihn nicht einfach zu ihr stürmen. Erstens finde ich das, menschlich ausgedrückt, unhöflich und zweitens hätte Ellie ihm vermutlich ohnehin gleich wieder eine Abreibung verpasst.

Also sorgte ich dafür – der Einfachheit halber mit Keks in der Hand –, dass er an meiner Seite blieb. Das war ich auch Katja und Ellie schuldig. Das Angenehme an den Begegnungen mit Katja ist, dass sie sich, durch Corinna geprägt, in puncto Hundeerziehung genauso verhält wie ich.

Meine Freundschaft mit Gabi dagegen hat durch Diskrepanzen in diesem Zusammenhang gehörige Kratzer abbekommen. Seit ihrer Flucht aus unserem Haus habe ich kaum noch etwas von ihr gehört, obwohl wir sonst mindestens einmal pro Woche miteinander telefonieren. Schade, ich mag Gabi mit ihrer unschuldig naiven Art sehr. Aber möglicherweise ist der Abstand zwischen Lola und Benji vorerst besser für alle Beteiligten.

Deshalb weiß ich nun auch, was Corinna mit »konsequente Hundeerziehung macht einsam« meint: Treffen mit Freunden und Verwandten, die sich nicht an unsere Bitten halten oder beratungsresistent sind, beginne ich tatsächlich zu meiden. Aber Katja versteht mich da und macht mich sogar auf den einen oder anderen Fehler aufmerksam, der mir noch unterläuft.

Um Benji also von Ellie abzulenken, nahm ich seine Schleppleine auf, sprach ihn an und belohnte seine Aufmerksamkeit mit einem Keks. Anschließend ließ ich ihn auf dem schneebedeckten Boden nach ein paar Leckerchen suchen. Als er Ellie dann nicht mehr im Kopf hatte, ließ ich die Leine wieder fallen. Und tatsächlich war sie plötzlich nicht mehr so wichtig, denn unser Hund hielt seine Aufmerksamkeit bei mir und dem Leckerchen verheißenden Weg.

Ich war also ziemlich mit Benji beschäftigt, als uns auf dem Feldweg schon bald ein alter Bekannter begegnete. Border Collie Finn, den ich noch dunkel von unserem Besuch bei Uschis Hundeschule in Erinnerung hatte, bellte in kurzen Intervallen hysterisch an seinem Frauchen hoch, die eine dieser Ballschleudern in der Hand hielt und gerade zum Wurf ansetzte.

»Balljunkie zum Selbermachen – so machen Sie Ihren Hund verrückt!«, kommentierte Katja das Geschehen und nahm Ellie an die Leine. Sofort verwickelte ich Benji in ein paar weitere Futtersuchspiele, damit er erst gar nicht auf die Idee kam, dorthin zu stürmen, um womöglich Finn seinen Ball streitig zu machen.

Was Katja vorhin mit »verrückt machen« gemeint hatte, war dann sogar für mein laienhaftes Auge erkennbar: Finn bellte sein Frauchen ständig wie besessen an und forderte sie damit auf, den Ball zügig zu werfen, was diese auch immer gleich bereitwillig tat. Die Augen standen dem schwarz-weißen Rüden schon völlig quer und man hatte das Gefühl, er war wie in einem Rauschzustand, der immer schlimmer wurde, je öfter Frauchen ihre Ballschleuder betätigte. Sein Blick war starr, sein Körper stets abgesenkt, jeder Muskel angespannt, während er wartete, bis die Kugel erneut durch die Luft flog und er hinterherhetzen konnte.

Wie besessen sprintete Finn dann jedes Mal dem Ball nach und spuckte ihn seiner Halterin beim Zurückkommen aufgeregt vor die Füße, was diese mit einem weiteren Wurf beantwortete. Fast konnte man meinen, sie sei ebenfalls in eine Art Rauschzustand verfallen, denn es war mir unerklärlich, dass sie offenbar kein Bewusstsein für den fast schon deliriösen Zustand ihres Hundes hatte. Außerdem merkte sie nicht, dass sie uns während ihrer Wurfaktionen immer näherkam.

Finn war völlig gebannt und ließ sich offensichtlich durch nichts und niemanden ablenken. Dennoch hatte ich ein mulmiges Gefühl, weil ich nicht sicher war, ob Benji sich ab einer gewissen unterschrittenen Distanz noch würde beherrschen können. Der Ball war einfach eine zu große Versuchung und ich sah es schon kommen, dass er von seinem Drang, dem runden Teil auch mal hinterherzujagen, übermannt würde, sobald er dem Geschehen nahe genug wäre. Also griff ich mir die Schleppleine, denn ausweichen konnte ich nicht – zu hoch waren die Schneehaufen links und rechts des ausgefrästen Weges.

Nach wenigen Schritten waren wir auf gleicher Höhe mit Finn und seinem Frauchen, der menschlichen Ballwurfmaschine. Da wir weder die Frau noch ihren Vierbeiner einschätzen konnten, versuchten Katja und ich, mit einem kurzen »Hallo« zügig an ihr vorbeizuziehen. Ich hoffte, sie würde mich nicht wiedererkennen. Doch das blieb ein frommer Wunsch, denn offenbar war sie nicht nur in Wurflaune, sondern auch in Plauderstimmung.

»Mein Junge muss, so oft es geht, beschäftigt und bewegt werden«, erzählte sie uns, ohne dass wir danach gefragt hätten. »Border Collies sind extrem intelligente Tiere – die Einsteins unter den Hunden sozusagen. Deshalb brauchen sie Herausforderungen. In Schottland werden sie als Hütehunde eingesetzt, das heißt, sie wurden zum Arbeiten gezüchtet. Wenn die mal keine Aufgabe haben, drehen sie durch. Deswegen spielen wir täglich mit dem Ball, gehen bei Uschi in die Unterordnung, zweimal pro Woche in Agility und einmal im Monat zum Dog Dance.«

Ich dachte sofort an diese Eislaufmütter wie Birgit Wallner, die ihre Kinder gleichzeitig in Ballett, Cello, Handball, Spanisch und zur Theatergruppe schicken, um ihrem Nachwuchs einen angeblichen Vorsprung vor den anderen zu verschaffen, und tatsächlich glauben, ihnen damit etwas Gutes zu tun.

Im Flur der Wallners hängt ein großer Familienkalender, der aussieht wie ein OP-Plan aus der Unfallchirurgie, in dem kein einziges Feld frei ist. Mir zerreißt es fast immer das Herz, wenn ich solche Kinder kennenlerne. Denn mit den heutigen schulischen Anforderungen bleibt ohnehin nicht allzu viel Freizeit, in der Heranwachsende ihren eigenen Bedürfnissen nachgehen und sich entdecken und entfalten oder sich auch einfach mal erholen können.

Bei diesem Hund wirkte das auf mich genauso. Für ihn musste es doch den puren Stress bedeuten, immer in dieser hektischen »Was passiert als nächstes?«-Erwartungshaltung zu sein. Ich war gespannt auf Katjas Kommentare, denn ich sah ihr an, dass sie gleich das laut aussprechen würde, was ich mir dachte. Ihre Lippen hatte sie jedenfalls bereits fest aufeinandergepresst.

Und dann passierte es. Benji, der die ganze Zeit mitbekommen hatte, was sich hier für eine tolle Ballwurf-Show abspielte, und sich nun wirklich nicht mehr beherrschen konnte, zog in Finns Richtung, weil er natürlich auch mal ran wollte. Da er die Leine aber vorher schon gute 20 Minuten über den Boden geschleift hatte, war die völlig vereist und ich konnte sie kaum halten. So stolperte ich mit unserem Hund auf Finn zu, der gerade wieder darauf wartete, dass der Plastikarm der Schleuder den Ball aufnehmen und werfen würde.

Offenbar hatte Finn aber trotz seines Ballwahns noch eine Leitung für ihm zu nahekommende Artgenossen offen. Denn als er Benjis Nähe bemerkte, fixierte er ihn mit seinen starren Augen, stellte sein Hecheln ein und senkte deutlich sichtbar den Kopf in Benjis Richtung ab. Sein Frauchen, die der ganzen Situation bisher eher leichtfertig gegenübergestanden hatte, bekam jetzt aber doch kalte Füße und fragte mit hektischem Unterton: »Rüde oder Hündin?«

Bevor ich allerdings auch nur irgendwie auf die Frage reagieren konnte, entgegnete Katja messerscharf: »Angeleint!«

An Finns Frauchen schien die Spitze vorbeigegangen zu sein, denn sie verstand offenbar überhaupt nicht, worauf Katja hinauswollte. Allerdings merkte auch sie nun, dass es zu spät war, die Situation irgendwie entspannt zu lösen und beschloss, einfach den Ball zu schleudern, um Finn von seiner Drohgeste abzulenken.

Für den Border Collie, der ohnehin auf das Teil fixiert war wie ein Junkie auf seinen Stoff, funktionierte das natürlich bestens und er hetzte wieder wie von der Tarantel gestochen der Kugel hinterher. Allerdings konnte Benji noch immer nicht an sich halten und schoss ebenfalls los, um den Ball zu erwischen.

Wie ich es schaffte, Benji mit der vereisten Leine festzuhalten, weiß ich nicht. Aber nun reichte es mir wirklich und ich fragte die Frau in unmissverständlichem Ton, was so schwer daran sei, ihren Hund mal kurz auf die Seite zu nehmen. »Und ich verstehe nicht, warum Sie den Ball noch mal schleudern, wo Sie doch sehen müssen, dass mein Hund den auch unbedingt haben möchte!«

Auch Katja hatte alle Mühe, ihre aufgebrachte Ellie zurückzuhalten, und machte ihrem Ärger über das rücksichtslose Verhalten der Frau Luft: »Außerdem würde der Respekt anderen Haltern und ihren Hunden gegenüber es gebieten, den eigenen Vierbeiner an die Leine zu nehmen, wenn angeleinte Hunde entgegenkommen, die nicht ausweichen können. Ein Hund, der an einer Leine geführt wird, hat nur sehr wenige Handlungsmöglichkeiten, wenn sich ein frei laufender Artgenosse nähert!«

soisserbrav.com/hundebegegnungen

Doch obwohl Katja und ich mit allem recht hatten und auch nicht wirklich unfreundlich waren, schnauzte die Frau uns an: »Na, das ist ja lustig, dass gerade Sie mit Ihren Straßenkötern mir was erzählen wollen. Sie haben doch keine Ahnung von echten Hunden!«

Mit einem Blick zu mir schoss sie einen weiteren Pfeil ab: »Und dass Ihrer sich nicht zu benehmen weiß und einem anderen Hund gleich den Ball wegschnappen will, ist das etwa nicht unerzogen? Aber dass der sich so verhält, wundert mich nicht wirklich, denn in der Hundeschule waren Sie genau einmal. Dann haben Sie offenbar den einfachen Weg gewählt und halten den Kleinen nun mit einer langen Leine fest. Daran soll das arme Tier wohl nun den Rest seines Lebens verbringen!«

Mein Herz klopfte vor Wut bis zum Hals. Nicht etwa, weil sie mich angeschrien hatte, wie ich es zum letzten Mal in meiner Kindheit beim Beckenrandspringen vom Bademeister gehört hatte, sondern weil ihre haarsträubenden Argumente jeglicher Grundlage entbehrten. Unwissen ist eine Sache, sie aber so vehement zu verteidigen, eine andere.

Denn Benji wollte Finn den Ball natürlich nicht per se wegnehmen, weil er ihn dem Border Collie nicht zugestand. Er war nur scharf drauf, weil sich das Teil wie wild bewegte – woran die Gute ja nicht unschuldig war. Sicher würde ich unseren Vierbeiner am liebsten auch in solchen Situationen seelenruhig frei laufen lassen, aber dafür ist es einfach noch zu früh – deswegen die Leine.

Katja und ich sahen uns an und ohne uns absprechen zu müssen, war klar, dass wir nun kommentarlos das Feld räumen würden – wie zwei souveräne Hündinnen: Dominanz durch Ignoranz.

Als wir in sicherer Entfernung waren und uns ein wenig beruhigt hatten, erklärte Katja mir: »Viele Menschen verwechseln Ballwerfen mit Beschäftigen. Sie denken, dass sie den Hund gut auslasten, wenn sie ihm wie verrückt immer wieder sein Lieblingsspielzeug werfen.

Aber zum einen ist das keine wirkliche Herausforderung für einen Hund, sondern lässt ihn in Wahrheit sogar geistig verkümmern. Zum anderen werden durch die stupiden Wiederholungen des Hetzens Hormone freigesetzt, die schlussendlich abhängig machen können. Daher spricht man auch von ›Balljunkies‹ – von Hunden, die süchtig danach sind, Bällen hinterherzuhetzen.

Das ist ähnlich wie bei Kindern mit der Playstation oder dem Handy. Durch den Erfolg bei digitalen Spielen und durch das ständige Bewegen auf sozialen Plattformen werden Glückshormone freigesetzt, deren Ausbleiben regelrechte Entzugserscheinungen auslöst. In der Zwischenzeit gibt es sogar schon spezielle Kliniken und Therapieformen, um junge Menschen aus dieser Medienabhängigkeit wieder herauszuholen. Bei Hunden wirkt dieses extrem übersteigerte Werfen des Lieblingsspielzeugs nicht anders. Und der liebe Finn kriegt offenbar täglich einige Überdosen seines ›Stoffs‹.«

Der Vergleich war für mich absolut nachvollziehbar. Ich merke vor allem bei Max, dass er ständig nach mehr Bildschirmzeit giert. Und wenn er mal ein wenig länger spielen darf, weil das Wetter am Wochenende schlecht oder er krank ist, wird er ganz unrund, wenn ich dann wieder auf die Einhaltung der vereinbarten Medienzeiten poche.

»Aber nicht nur, dass die Frau ihren Hund mit diesem Dauergewerfe eigentlich in den Wahnsinn treibt, hat sie obendrein keinerlei

Verständnis für Hundesprache«, fuhr Katja fort. »Ihr armer Border Collie hat unsere Hunde längst drohfixiert, am Ende sogar die Lefzen hochgezogen, und sie registriert das erst, als es schon fast zu spät ist. Ich kann nicht nachvollziehen, wie man so wenig Gespür für Hundekommunikation haben kann!«, schnaubte Katja.

»Kürzlich hab ich sie übrigens im Park getroffen, da hat sie doch tatsächlich allen Hunden, die sie umkreist haben, etwas aus ihrer Leckerlitasche gegeben. Einfach so! Zum einen sollte da der Halter gefragt werden, zum anderen erzeugt das wieder unnötigen Stress beim eigenen Hund.

Denn es ist absolut wider die Natur eines Vierbeiners, sein Fressen oder wichtige Ressourcen mit Rudelfremden teilen zu müssen. Und dann wundern sich die Leute, warum ihr Hund ‹aus dem Nichts‹« – Katja machte Anführungszeichen in die Luft – »Artgenossen angreift. Es muss immer erst etwas passieren, damit die Menschen anfangen, ihr Handeln zu hinterfragen. Unglaublich!«

Auch wenn die Situation mit dem Border Collie nicht angenehm gewesen war, so war ich doch froh, einiges Neues über hündisches Denken gelernt zu haben. Allerdings ließ mir die Sache mit der Beschäftigung noch keine Ruhe. »Man liest ja immer wieder, wie viel Auslastung und Arbeit diese Hütehunde brauchen und dann sorgt ein Halter dafür, und es ist auch wieder falsch, warum ist das so?«, fragte ich.

Katja rief Ellie, die offenbar eine Wildspur aufgenommen hatte, zu sich, warf ihr zur Belohnung ein Stück getrockneter Rinderlunge aus ihrer Tasche zu und begann zu erklären: »Nun ja, wie gesagt, das stupide Bällchenwerfen ist keine echte Beschäftigung. Gerade so ein Arbeitshund wie Finn braucht ruhige und komplexe geistige Aufgaben, für die er sich Lösungen überlegen muss. Alles, was nur mit Dynamik und Schnelligkeit zu tun hat, pusht ihn nur hoch und macht ihn umso weniger gelassen.

Das heißt, beim Training sehr aktiver Hunde sollten ein ruhiger Alltag, eine hohe Frustrationstoleranz und Gelassenheit bei spannenden Reizen an oberster Stelle stehen.

soisserbrav.com/impulskontrolle

Aber das erreicht man nicht, wenn man seinen Hund bis zum Abwinken apportieren lässt oder möglichst schnell durch irgendwelche Wettbewerbe hetzt.

Es ist eine echte Herausforderung, diesen Hunden Ruhe und Contenance beizubringen. Deswegen sollte man sich diesen Themen in der Erziehung mindestens genauso intensiv widmen wie dem aktiven Training, in dem viel Bewegung ist, wie zum Beispiel beim Rückruf.

Klar arbeiten diese Hunde an der Herde sehr schnell und intensiv, aber ebenso genau und überlegt und manchmal auch gar nicht, ohne gleich durchzudrehen. Denn versprochen: Sogar für den am härtesten arbeitenden Border Collie kommt mal der Winter, in dem die Schafe einige Zeit lang im Stall stehen. Da muss der Schäfer zum Ausgleich mit dem Hund auch nicht zum Dogdance gehen!«

Ich musste aufgrund dieser Aussage laut auflachen, weil die Vorstellung von so einem grummeligen schottischen Schäfer mit großem Hut und Pfeife im Mund, Po-wackelnd bei einem Dogdance-Turnier wirklich zum Schießen war.

»So ein Finn müsste eigentlich ganz viel Impulskontrolle lernen, ruhige, kooperative Suchspiele mit dem Menschen machen und vor allem durch Nasenarbeit ausgepowert werden«, sagte Katja und signalisierte Ellie mit »Lauf!« und einer kurzen Handbewegung, dass das Hier-Signal aufgelöst war. »Durch diese maschinengewehrartige Ballwerferei dreht Finn nur noch höher und wird als Nächstes den Jogger im Park abfangen, weil er nie gelernt hat, Bewegungsreize ruhig auszuhalten.«

»Genau«, entgegnete ich. »Und sein Frauchen wird dann – wie so viele Hundehalter – brav ›Der tut nix!‹ rufen und ihn einfach ungebremst auf andere zurennen lassen.«

»Oder mit ›Der will nur spielen‹ vertuschen, dass sie den Hund nicht zurückrufen kann«, konterte Katja sichtlich genervt.

soisserbrav.com/koerpersprache

»Wenn mir so ein ›Tut nix‹ mit Benji begegnet, hab ich mir jetzt im Übrigen einen echt gut funktionierenden Satz zurechtgelegt: ›Bitte nicht hierher lassen, wir üben gerade!‹ Dann versuchen interessanterweise die meisten entgegenkommenden Hundehalter, ihr Tier irgendwie zu kontrollieren. Dabei muss man nicht viel erklären und niemand fühlt sich auf den Schlips getreten«, berichtete ich Katja stolz.

»Es ist mir gar nicht so leichtgefallen, für diese doch sehr schwierigen Situationen eine Strategie zu finden«, fuhr ich fort. »Anfangs hab ich immer – mit neuem Wissen von Corinna abgefüllt – versucht, den Menschen begreiflich zu machen, dass ihr Hund nicht gerade nach ›Der will nur spielen‹ aussieht, war aber meistens noch nicht mal am Ende des Satzes angekommen, als die Hunde schon längst ineinander verkeilt waren. Eine Zeit lang versuchte ich auch die passiv-aggressive ›Holen Sie bitte Ihren Hund zu sich!‹-Variante, die immer nur in sinnleeren Hundewiesenrand-Diskussionen endete.

Eigentlich spannend, dass es sich da auch wieder wie bei Eltern verhält, die glauben, ihre Kinder verteidigen zu müssen. Jedenfalls haben mir meine Runden mit Benji gezeigt, dass die ›Bitte nicht heran lassen‹-Strategie wirklich sehr gut funktioniert. Jeder noch so überzeugte Ausziehleinen-Nutzer, von denen einige ziemlich unberechenbar sind und glauben, ihren Hund statt Erziehung mit dieser Fernbedienung lenken zu können, kann für ›Wir üben gerade‹ doch ein wenig Respekt und Verständnis aufbringen. Meine Heldenpunkte bei Benji, weil ich ihn damit vor einigen unangenehmen Begegnungen bewahrt habe, sind mir jedenfalls sicher!«

»Gute Idee, da hab ja heute ich mal was von dir gelernt!«, meinte Katja augenzwinkernd. »Aber jetzt sollten wir die beiden schnellstens wieder laufen lassen. Die Straßenköter müssen doch bewegt werden – auch wenn sie keine Einsteins sind«, kicherte sie.

BENJI, 26. DEZEMBER

Heute war's so richtig chillig. Ich konnte mich herrlich ausschlafen, ohne ständig gestört zu werden. Davor gab's aber noch jede Menge Sport mit Herrchen. Wir liefen eine richtig große Runde, allerdings lässt er mich jetzt nicht mehr Marschroute und Gangart festlegen. Nach meinen Hauptgeschäften nimmt er mich nun nämlich konsequent mit so einem langen Seil mit, das an seiner Hüfte befestigt ist – da ist nix mehr mit Stehenbleiben, Schnüffeln und Markieren. Aber dafür gibt's jede Menge Vollgas mit ihm. Auch super.

Nachdem wir wieder daheim waren, ging's ab ins Auto. Diesmal in meiner ganz persönlichen mobilen Hundehütte. Ich liiiebe dieses Teil. Da drin hab ich meine heilige Ruhe und niemand kann mich anglotzen oder belästigen, wenn mir nicht danach ist. Gerade heute war das toll, denn wir fuhren in ein unbekanntes Haus mit echt vielen neuen Gerüchen und fremden Stimmen.

So spannend es auch gewesen wäre, das alles zu erkunden, war es mir lieber, mein eigenes kleines Wohnzimmer dabeizuhaben, um in Ruhe schlafen zu können – der gestrige Tag war anstrengend genug gewesen. Frauchen schob mir zwar ab und an ein paar Kaurollen durch den Reißverschluss, aber so eine Form der Störung nehme ich gerne in Kauf.

Etwas hektischer ging es da am Nachmittag zu, als wir Ellie und ihr Frauchen trafen. Diese kesse Schnecke reizt mich schon sehr, weshalb ich natürlich nichts lieber tun würde, als ihr gleich an die Wäsche zu gehen und an ihrem Hinterteil zu schnüffeln. Frauchen scheint das aber zu wissen und schafft es irgendwie immer, mich davon abzubringen und ihr doch wieder normal zu begegnen, weil ich plötzlich ganz andere Dinge im Kopf habe.

Aber dann erkannte ich schon von Weitem diesen schwarz-weißen Idioten vom Hundeplatz wieder, der wie verrückt bellte und mich dadurch komplett wuschig machte. Was wollte der eigentlich mit seinen starren Augen und seinem abgesenkten Körper? Wo war sein Problem? Ich war irritiert und kümmerte mich lieber um Frauchen, die mir vereinzelt Kekse auf den Boden warf und mich mit dem magischen Wort »Such« im tiefen Schnee nach ihnen stöbern ließ. Es war eine willkommene Ablenkung, die mir wie immer mega viel Spaß machte und mir half, mich mit diesem Vollhonk nicht weiter auseinandersetzen zu müssen.

Doch dann die nächste Krise: Ein echt verlockend aussehender Ball, der diesem irren Köter immer wieder geworfen wurde. Klar wollte ich da auch hin, und wie! Aber ich hätte es eigentlich besser wissen sollen. Denn bevor ich richtig losrennen konnte, beschloss Frauchen, diese alte Spielverderberin, mich an die Leine zu nehmen. Irgendwann wurde die Versuchung jedoch zu groß und ich musste da einfach hin! Also rammte ich meine Krallen in den platt gedrückten Schnee und zog, was das Zeug hielt – Benji unstoppable!

Ein paar Meter konnte ich Frauchen zum Mitkommen bewegen, aber dann war wegen der Leine Ende Gelände. Außerdem bemerkte ich plötzlich, dass auch Finn und sein Frauchen näherkamen. Ei, ei, ei, ob das wohl gut gehen würde? Wahrscheinlich nicht, denn Finn, der sich nun immer weiter an uns ranpirschte, fixierte mich jetzt ganz eindeutig, bis er dann doch wieder dem Ball nachzischte, der schon wieder durch die Luft flog.

Ach Menno, ich wollte auch unbedingt dem Teil hinterher! Also versuchte ich's noch mal, aber es half nichts, die Leine stoppte mich, genau wie die schreienden Menschen hinter mir. Als ich mich umblickte, erkannte ich, dass all die ungehalten Laute glücklicherweise gar nicht mir galten, sondern nur die Leute, die zu uns Hunden gehörten, einander anschnauzten. Puh, Schwein gehabt!

Trotzdem war mir das hier alles zu viel und ich hätte mich lieber verkrümelt. Frauchen ging es offenbar genauso und so zogen wir dann mitsamt Ellie und ihrem Frauchen weiter. Noch lange Zeit waren hinter uns das keifende Gebell von dem Trottel mit seinem Angeber-Ball und irgendwelche Laute von seinem aufgebrachten Frauchen zu hören.

Meine Güte, was stressen die beiden eigentlich so?, dachte ich mir. Bis zur Antwort kam ich aber gar nicht, denn plötzlich war ich abgelenkt von Ellies Hinterteil, dessen Duft sie mir unverkennbar in Kreisen entgegen wedelte.

Diese Ladys ... tun immer, als wären sie total uninteressiert und kaum bist du zwei Minuten mit was anderem beschäftigt und schenkst ihnen keine Beachtung, schmeißen sie sich dir vor die Füße! Versteht einer die Hündinnen?

KAPITEL 12
VON SCHLECHTEN ANGEWOHNHEITEN UND GUTEN VORSÄTZEN

BENJI, 1. JANUAR

Alter Falter, was war denn da gestern los? Schon beim Spaziergang zu Mittag lag so ein komischer Geruch in der Luft, über den ich dann aber nicht mehr weiter nachdachte, da der Duft der spannenden Ladys aus meiner Straße noch tausendmal aufregender war als dieser undefinierbare Mief. Für ein Weilchen vergaß ich den Gestank also und auch die seltsamen Geräusche, die ich ab und an hörte und nicht wirklich zuordnen konnte. Zurück bei unserer Gartentür, wurde der sonderbare Geruch aber immer stärker.

Ich schnüffelte also rund ums Tor. Nö, von dort kam's nicht. Vielleicht von ... »PEEEEENNNNGGGG!« dröhnte es plötzlich von ganz nah und ich schoss völlig erschrocken zurück, sodass es mich fast aus dem Geschirr gehauen hätte, weil ich einfach nur wegwollte. Denn nicht nur ich war durch diesen enorm lauten Knall mega erschrocken, sondern auch Frauchen zuckte total zusammen und stieß einen Schrei aus, der meine Panik noch steigerte. Wenn die nämlich mal etwas umhaut, dann ist die Kacke wirklich am Dampfen.

Ich war absolut im Tunnel, konnte nichts mehr. Wo war dieser Lärm plötzlich hergekommen? Waren wir in Gefahr? Könnte es gleich wieder knallen? Würde Frauchen nun wegrennen und mich hier alleine lassen? Absoluter Horror ...

Ich legte, was ich einziehen konnte, eng an den Körper, machte mich also so klein und unauffällig wie möglich und kroch total geschockt ins Haus. Dort lief ich ins Bad – das einzige Zimmer, das mir auf die Schnelle den Schutz einer Höhle zu bieten schien. Es war klein genug, dass ich alles überblicken konnte, und außerdem hatte ich in dem Raum noch nie jemand anderen als meine Menschen gesehen, also würde da hoffentlich auch heute niemand anders reinkommen und Stress machen. Obwohl der Boden etwas rutschig war, fühlte ich mich da drin erst mal sicher.

Trotzdem zitterte ich und hechelte vor Stress, als ob ich gerade vor Balou quer durch unsere ganze Siedlung hätte fliehen müssen. Meine Augen waren weit aufgerissen – ich konnte einfach nicht abschalten und war in absoluter Alarmbereitschaft. Von draußen hörte ich immer wieder dumpfe Knaller. Auf unserem Spaziergang hatten die mich nicht gestört, nachdem ich jetzt aber wusste, dass die noch viel lauter und näher sein können, war mir klar, dass Frauchen und ich da draußen in ziemlicher Gefahr gewesen sein mussten.

Gott sei Dank kam Frauchen dann ins Bad und setzte sich zu mir. Ich war echt froh, dass sie da war, denn ihre Nähe gab mir ein bisschen mehr Sicherheit. Besonders jetzt, wo sie sich wieder eingekriegt hatte und offenbar Herrin der Lage war. Außerdem machte sie irgendwas Rauschendes an, wodurch der Lärm noch weniger zu hören war. Ganz schön magisch, was Frauchen alles kann.

An ihrer Ruhe merkte ich nach und nach, dass sich die Situation da draußen entspannt haben dürfte. Mein Körper bebte trotzdem noch, aber wenigstens das Hecheln hatte ich jetzt wieder unter Kontrolle. Ein wenig später begann Frauchen mich dann total angenehm zu kraulen. Was für eine Wohltat! Ich genoss neben der Massage auch ihre ungeteilte Aufmerksamkeit, gerade weil Frauchen bei mir damit ohnehin ganz schön sparsam unterwegs ist.

Wobei ... Korrektur: Gestreichelt und gekrault werd ich eigentlich schon sehr oft von ihr, aber immer nur, wenn sie das will. Kratzen, Anstupsen, Anstarren, Kopf auflegen ... mein ganzes Repertoire von früher hab ich bei ihr einmotten können. Nützt alles nichts mehr. Bei Herrchen ist es im Übrigen seit Neuestem nicht anders. Egal, die beiden sind immer für mich da und das ist die Hauptsache.

Jetzt im Bad konnte ich jedoch trotzdem keine wirkliche Ruhe finden, weil ich nach wie vor das Gefühl hatte, es könnte gleich wieder was Schlimmes passieren. Aber als mir Frauchen dann einen extrem gut riechenden Knochen brachte, waren Knaller und Mief vorerst mal vergessen und ich nagte meinen ganzen Stress der letzten Stunden in das Ding rein.

Irgendwann waren von dem leckeren Teil jedoch nur mehr vertrocknete Reste übrig und sobald meine Geschmacksknospen nicht mehr gefordert waren, öffneten sich wieder die Leitungen für anderes und die Knaller hatten freie Bahn zu meinem Gehirn. Klar ging nun die Zitterei von vorne los, noch dazu, wo die Abstände zwischen den einzelnen »Pengs« immer enger wurden und man sich von einem Schreck zum nächsten gar nicht erholen konnte.

Da nützte es auch kaum was, dass Frauchen wieder neben mir saß und ganz gechillt wirkte – ich hatte trotzdem richtig Schiss! Dann kam der Rest meiner Menschen dazu, setzte sich zu mir auf den Boden und machte einige Zeit mit einer Wasserschüssel rum. Gleichzeitig war es draußen wieder stiller geworden. *Aber wer weiß, wie lange?!*, dachte ich mir.

Ein wenig später folgte auch schon der nächste Grund zum Nervöswerden. Denn plötzlich standen alle auf – auch Frauchen! Hilfe! Einer nach dem anderen verließ das Bad. Aber wie immer war auf Frauchen Verlass und sie kam sofort zurück. Puh, noch mal Schwein gehabt!

Dann legte sie sich sogar auf den Boden, was ich so toll fand, dass ich mich gleich zu ihr kuschelte. So ein bisschen Nähe gibt mehr Sicherheit und ich hatte nun wieder ein halbwegs gutes Gefühl und konnte langsam etwas Schlaf finden.

Als ich aufwachte, schien es hell unterm Türspalt hervor und alles war vollkommen ruhig. Nur Herrchens Schritte im Flur ließen mich aufhorchen. Plötzlich konnte ich deutlich hören, wie er eine Schublade im Flurschrank aufzog, was zumindest bei Frauchen immer ein eindeutiges Indiz für einen aufregenden Spaziergang ist. Da öffnete sich auch schon langsam die Tür und ich wedelte Herrchen mit tiefer Rute und angelegten Ohren begrüßend entgegen. So ganz sicher war ich noch nicht, aber dann sah ich die lange Leine in seiner Hand. Yesss, hatte ich's doch gewusst!

Nach dem ganzen Stress heute Nacht schien das Leben ab nun wieder Gutes zu verheißen.

DORIS, 1. JANUAR

Gott sei Dank war gestern der letzte Tag im Marathon der aufregenden Feierlichkeiten für Benji. Allerdings hatte mir vor Silvester am meisten gegraut, da ich von Gabi und Frau Schornheimer in den letzten Jahren immer wieder zu hören bekommen hatte, dass ihre Hündinnen durch die Knallerei extrem litten. Wie das wohl mit Benji werden würde? Ein wenig hatte ich mich zu dem Thema bereits eingelesen und auch Corinna befragt. Aber ob ich all diese Tipps wirklich brauchen würde, blieb abzuwarten. Hoffentlich nicht.

Um nicht schon tagsüber den Spannungspegel wie an Weihnachten steigen zu lassen, beschlossen wir, diesmal keine große Sache aus dem letzten Tag des Jahres zu machen und Benji zuliebe nur zu viert zu feiern. Für mich ist Silvester ohnehin nichts Besonderes. Klar war das alles irre aufregend, als wir jung waren. Aber während ich mir als Teenager die Frage stellte, wie lange ich wohl aufbleiben dürfe, frage ich mich in den letzten Jahren immer öfter, wie lange ich noch wach bleiben muss.

Bei Harald ist das nicht viel anders. Genau wie ich beginnt er meist schon gegen 23:00 Uhr zu gähnen. Allerdings sieht mein Angetrauter in jedem Jahresbeginn eine Art Neustart. So lässt er bei einem »kontemplativen Spaziergang« das vergangene Jahr Revue passieren und trifft für das kommende – meist recht ambitionierte – Vorsätze.

Seit ein paar Jahren schreibt er die dann sogar auf. Offenbar braucht er das, um seine Vorhaben noch mal für sich selbst zu bekräftigen. Auch wenn die meisten schon in der zweiten Januarwoche vergessen sind, finde ich es toll, dass er sich überhaupt Gedanken macht, ob und wo Veränderungen nötig sind.

Sollte ich vielleicht auch mal tun ...

Was am Silvesterabend natürlich auch ein ganz großes Thema bei Harald und den Jungs ist, sind Feuerwerk, Böller und alles, was sonst noch in die Luft fliegen kann. Harald konnte es schon vor Jahren kaum erwarten, bis Smartie und Max alt genug waren, um mit ihm in unserem Garten Raketen starten zu lassen. Das scheint so ein Ur-Männerding zu sein, wie Grillen oder das Auto für den Urlaub selbst zu packen. Ich habe längst aufgehört, das zu hinterfragen, und beobachte diese Dinge nur noch mit einem Schmunzeln. Bei den Krachern habe ich allerdings grade bei Max, unserem kleinen Chaoten, ein sehr wachsames Auge.

In diesem Jahr haben wir aber alle wegen Benji eine absolute Schieß- und Knallerabstinenz beschlossen. Unsere Katzen haben sich ja letztes Jahr erfolgreich in den Keller verkrümelt, aber Benji konnten wir, was den Böllerlärm betrifft, überhaupt nicht einschätzen.

Als Harald von seinem »Neujahrsvorsätze«-Spaziergang zurückkehrte, beschloss ich, noch eine Runde mit Benji zu gehen, da die Abstände der explodierenden Feuerwerkskörper schon jetzt um 15:00 Uhr immer kürzer wurden. Unser Hund hatte zwar bisher null Probleme mit Gewitter gehabt und auch der eine oder andere Knall, den wir bei entsprechendem Wind vom nahegelegenen Truppenübungsplatz mitbekommen, interessiert ihn nicht sonderlich. Aber ich wollte lieber nichts riskieren, zumal ich weiß, wie sehr man sogar als Mensch erschrickt, wenn ein Böller in unmittelbarer Nähe hochgeht.

Dabei haben wir Menschen es beim Explodieren von Feuerwerkskörpern viel einfacher als ein Hund, denn wir wissen, was die Ursache der plötzlichen Lärmdusche ist. Anders bei Hunden. In ihrem Dezember-Newsletter hatte Corinna einen Fachartikel zum Thema »Mit dem Hund durch Silvester« zusammengefasst. Darin wird erklärt, dass die typische Geräuschangst bei unseren Vierbeinern am letzten Tag im Jahr hauptsächlich dadurch bedingt ist, dass sie die Lichtblitze, Gerüche und Laute nicht zuordnen können und bei den meisten Hunden daher kein Verhaltensprogramm dafür verfügbar ist.

In dem Artikel wurde auch der Unterschied zwischen Angst und Furcht erklärt. Furcht kann in aller Regel bestimmten Objekten zugeordnet werden. Dadurch sind Verhaltensprogramme leichter abrufbar. So kann ein Hund zum Beispiel bei einem herunterfallenden Schlüsselbund die Lärmquelle erkennen, zuordnen und genau verarbeiten. Das heißt, er kann sich entscheiden, ob er die furchtauslösende Ursache bekämpft oder lieber flüchtet.

Bei Angst aber können die Tiere nicht zuordnen, woher der Auslöser kommt, und daher oft auch kein geeignetes Verhaltensprogramm abrufen. Daraus entsteht eine große Unsicherheit. Dazu kommt, dass die verschiedenen Reize wie Knallgeräusche, Lichtreflexe und Gerüche, die mit Feuerwerkskörpern einhergehen, in den Tagen um den Jahreswechsel sehr unregelmäßig und unvorhersehbar daherkommen, sodass keine Erholung oder Gewöhnung an ein bestimmtes Muster eintreten kann.

Bei unserer Gassirunde war es aber noch einigermaßen ruhig und die Böller, die zu hören waren, wurden Gott sei Dank nicht in unserer unmittelbaren Nähe gezündet. Außerdem erledigte Benji seine Geschäfte relativ rasch und so waren wir – mit einem von den neuen Geräuschen ziemlich unbeeindruckten Hund – nach 20 Minuten wieder zu Hause.

Doch gerade als ich das Gartentor aufsperren wollte, kam es zur mittleren Katastrophe: Offenbar hatte Stefan Wallner mit seinen beiden größeren Kindern im Garten einen Böller gezündet, der nur wenige Meter von uns entfernt hochging. Sowohl Benji als auch ich erschraken so sehr, dass mir fast der Schlüssel aus der Hand fiel und Benji einen großen Satz nach hinten machte, durch den er sich um ein Haar von seinem Geschirr befreit hätte.

Mir zitterten die Knie so schlimm, dass ich mich einen Augenblick an unseren Zaun lehnen musste. Denn ich war nicht nur wegen des Böllers extrem erschrocken, sondern auch, weil eine Sekunde nach Benjis Sprung in Richtung Straße ein Auto mit überhöhter Geschwindigkeit vorbeiraste, vor dem unser Hund mit Sicherheit gelandet wäre, wenn das Geschirr nicht gehalten oder er mir die Leine aus der Hand gerissen hätte.

Jetzt verstehe ich, warum einem ständig empfohlen wird, Hunde in der Zeit um Silvester an Geschirr und Halsband gleichzeitig zu sichern und niemals abzuleinen. Ein Glück, dass ich ihn noch nicht von der Leine gelassen hatte, wie ich das sonst oft mache, wenn wir schon vor unserer Haustür stehen. Ab jetzt wird Benji immer erst drinnen abgeleint, so viel steht fest! Denn er könnte ja auch mal vor etwas anderem erschrecken und blindlings auf die Fahrbahn laufen.

Ich war jedenfalls wirklich sauer und formulierte im Kopf schon sehr klare Worte für Stefan, falls Benji ab jetzt tatsächlich Schussangst haben sollte. Allerdings fiel mir dann ein, dass Harald mit den Jungs bis letztes Jahr ja auch noch böllernd im Garten gestanden hatte und ich an all dem Lärm, den die drei veranstalteten, nichts Schlimmes gefunden hatte. Gut, das war zwar immer nach Einbruch der Dunkelheit gewesen, aber trotzdem musste ich feststellen, wie wenig wir alle daran dachten, was diese wirklich unnötige Schießerei für sämtliche Tiere eigentlich bedeutet.

Um Benji nicht noch mehr aufzuregen, versuchte ich, ihm gegenüber ruhig zu bleiben und die Situation möglichst gelassen zu nehmen, wenngleich meine Hände vor Schreck nach wie vor zitterten. Plötzlich fiel mir der arme Leopold ein. Der musste wahrscheinlich ganz alleine in einer Ecke zusammengekauert mit seiner Angst zurechtkommen. So unsicher, wie Leopold schon bei stinknormalen Umweltgeräuschen war, konnte er dieses Geknalle wohl kaum besser aushalten. Und dann waren nicht mal Menschen in seiner Nähe, die wissen, was zu tun ist und ihn wenigstens ein bisschen entlasten ...

Noch in Gedanken bei dem bedauernswerten Vierbeiner der Wallners, sperrte ich rasch die Haustür auf und sah zu, dass ich unseren verschreckten Hund schnell in den Flur bekam. Sofort huschte er mit geducktem Körper und eingezogener Rute ins Bad im Erdgeschoss. Der Arme schien völlig traumatisiert. Ich war zwar verwundert über Benjis Wahl seines persönlichen Panic Rooms, weil er relativ klein und nicht besonders gemütlich war.

Da aber in besagtem Artikel auch gestanden hatte, dass man die Hunde den Rückzugsort selbst aussuchen lassen sollte, versuchte ich Benji nicht herauszulocken, sondern ließ ihn dort. Die Tür lehnte ich an, damit er sich geschützt fühlte, das Bad jedoch verlassen konnte, wenn er wollte. Alles, was er jetzt brauchte, war Ruhe.

Als unser verschreckter Vierbeiner nach einer halben Stunde immer noch keine Anstalten machte, aus dem Badezimmer zu kommen, wurde mir unwohl. Ein kurzer Blick in den kleinen Raum sagte mir alles: Benji lag zitternd auf dem Badezimmerboden und hechelte, als wäre er gerade einen Marathon gelaufen. Dabei waren seine Augen weit aufgerissen und die sogenannte »Stressfalte« – eine tiefe Falte in den Maulwinkeln, die laut Artikel aufgrund des Hechelns entsteht – war deutlich sichtbar. Die pure Angst stand ihm regelrecht ins Gesicht geschrieben. Ich hätte Stefan verfluchen können!

Von diesem Schock würde sich unser Hund wohl nicht mehr richtig erholen. Solange die Geräusche halbwegs weit weg sind und dadurch zwar als neu, aber nicht bedrohlich wahrgenommen werden, belasten die Knaller die meisten Hunde nämlich nicht. Wenn ein Vierbeiner jedoch nur ein einziges Mal in Panik versetzt wurde, können auch leisere, ähnliche Geräusche zu Angstauslösern werden. Und genau in der Situation schienen wir dank Stefan nun zu sein.

Hätte ich vorab doch Medikamente besorgen sollen, wie Frau Schornheimer das für ihre Bella immer macht? Katja hat mir allerdings erzählt, dass in einigen Medikamenten Wirkstoffe enthalten sind, die nur den Körper lähmen, das Bewusstsein aber voll eingeschaltet lassen, und der Hund sich dadurch noch weniger gegen seine Ängste wehren kann. Und innerhalb der Familie versuche ich ja auch, alle Möglichkeiten auszuschöpfen, bevor zu Medikamenten gegriffen wird.

soisserbrav.com/angst

Wie sollte ich unserem Häufchen Elend nur helfen?

Noch dazu, wo man immer wieder liest, dass man Hunde bei Angst ignorieren und nicht übertrieben betüddeln soll, um ihre Panik nicht unnötig zu verstärken. Daher hatte ich Benji zunächst mal alleine im Bad gelassen. Irgendwie war das nun aber gegen mein Bauchgefühl, und ich beschloss, mich wenigstens zu ihm zu setzen. Ich brachte es einfach nicht übers Herz, ihn dort noch länger alleine zu lassen.

Sein Verhalten zeigte mir, dass die Entscheidung richtig gewesen war. Schon nach kurzer Zeit ließ zumindest sein Zittern nach, allerdings hechelte er nach wie vor durchgehend mit weit aufgerissenen Augen.

Also wollte ich ihm seine Rückzugshöhle so angenehm wie möglich gestalten: Zuerst ließ ich die Jalousien hinunter, um die Raketenblitze vor ihm zu verbergen. Dann brachte ich ihm die Decke aus seinem Körbchen, in der Hoffnung, der vertraute Geruch würde ihn irgendwie beruhigen. Schließlich stellte ich ein mobiles Radio auf und wählte die Frequenz des Klassiksenders, da ich mal gehört hatte, dass klassische Musik Hunde beruhigen würde. Schaden konnte sie auf keinen Fall. Außerdem übertönte sie zumindest die dumpferen Knallgeräusche.

Als ich merkte, dass meine Nähe Benjis Panik etwas runtergefahren hatte und er meine Anwesenheit zu genießen schien, begann ich ihn leicht hinterm Ohr zu kraulen und weitete die Streichelbewegungen dann in eine sanfte Massage über die Schultern und den Rücken aus. Allerdings blieb ich selbst ganz ruhig dabei und überhäufte ihn nicht mit unnötigen Trostworten. So hatte ich auch an keiner Stelle das Gefühl, dass Benji jetzt noch unsicherer wurde – im Gegenteil schien er das Wellnessprogramm zu genießen und begann sich allmählich ein wenig zu entspannen.

Es dürfte eben einen Unterschied machen, ob man den Hund ruhig streichelt, ohne viel Aufhebens um dessen Angst zu machen, oder ob man die eigene Aufregung wegen der Angst, die der bedauernswerte Vierbeiner gerade aushalten muss, hektisch in ihn »hineinstreichelt« und dabei unentwegt Dinge sagt wie: »Mein armer, armer Benji. Dauernd so laut da draußen. Das magst du gar nicht, nicht wahr? Und wie du zitterst! Is ja guuuut, Frauchen ist da!« Streichel, tätschel, streichel.

Ich könnte mir schon vorstellen, dass eine Frau Schornheimer, die ihre Kläffweltmeisterin täglich wirklich stundenlang zutextet, Bella durch ein solches Verhalten an einem Tag wie Silvester bestimmt noch verrückter macht. Da ich aber ganz ruhig blieb, schien mein Streicheln einen wohltuenden Entspannungseffekt zu haben. Ich war jedenfalls heilfroh, mir den Tag komplett freigehalten zu haben, weil ich bereits geahnt hatte, dass Benji mich brauchen würde.

Als es 22:00 Uhr wurde und Harald und die Jungs das Käsefondue vorbereitet hatten, gab ich Benji ausnahmsweise einen richtig saftigen Schinkenknochen, den ich schon seit Längerem für einen besonderen Moment aufbewahrt hatte. So gestresst er auch wirkte, der Knochen war augenscheinlich ein schlagendes Argument, mal kurz auf andere Gedanken zu kommen. Darauf hätte ich eigentlich früher kommen können. Jedenfalls nahm er ihn, wenngleich mit weniger Begeisterung und Gier als sonst, dankend an.

Während wir im Fondue stocherten, erzählte ich meinen Männern dann, dass Benji den tollen Schinkenknochen auch deshalb bekommen habe, weil ich in einem der Bücher von Katja gelesen hatte, dass Kauen und Lecken bei Hunden Glücks- und Beruhigungshormone freisetzt, die das Tier automatisch ein wenig entspannen, ähnlich wie bei Babys, die an einem Schnuller nuckeln. Insgesamt würden die Kaubewegungen also stressreduzierend wirken.

»Kann ich mir gut vorstellen«, sagte Max. »Warum, glaubst du, hab ich ständig 'nen Kaugummi im Mund?«

Der Vergleich war wirklich treffend, denn ich habe schon beobachtet, dass Max vor allem dann besonders heftig kaut und maschinengewehrartig eine Gummiblase nach der anderen zerplatzen lässt, wenn er unter besonderer Anspannung steht. Wie ähnlich sich Hund und Mensch in manchen Dingen sind!

Nach dem Essen warf ich einen Blick zu Benji, der verhältnismäßig entspannt und mit zugekniffenen Augen immer noch an seinem Schinkenknochen nagte. Ich hatte wirklich das Gefühl, dass er den Stress der letzten Stunden dort hineinkaute. Bald ging es jedoch auf Mitternacht zu und gerade bei der schlimmsten Knallerei wollte ich unseren Hund nicht alleine lassen.

Also erinnerte ich die Jungs daran, die Terrassentüren geschlossen zu halten und das Feuerwerk durch die Fensterscheibe anzusehen.

Dann umarmte ich meine Männer schnell, wünschte ihnen schon mal ein gutes neues Jahr und ging mit den Worten »Wir sehen uns nächstes Jahr wieder« zu Benji ins Badezimmer.

Am Ende seines Knochens angekommen, kauerte unser Vierbeiner nach wie vor am Boden und hechelte wieder stark – kein Wunder, denn einige Voreilige hatten einen Teil ihrer »Munition« bereits hochgejagt, obwohl noch knapp drei Minuten Zeit bis zum Jahreswechsel waren. Wer hatte nur diese blöde Knallerei erfunden? Das neue Jahr könnte man doch auch nur mit Walzertanzen und Bleigießen begrüßen! Bevor es aber nun so richtig losging, stellte ich die Musik einen Ticken lauter, legte mich mit einem Buch neben Benji und versuchte ihm durch das Vorleben von Ruhe und Souveränität ein »Vorbild« zu sein.

Viel mehr konnte ich für unseren Hund leider nicht tun, während im Radio der Countdown gezählt wurde und anschließend draußen die übliche Batterie an Dauerexplosionen losging, die man aufgrund des Radios aber wenigstens einigermaßen gedämpft hörte. Dann fiel mir wieder Leopold ein. Ob er wohl einen seiner Menschen bei sich hatte? Ich zog kurz die Jalousie hoch und wagte einen Blick hinüber zu Wallners.

Das hätte ich lieber nicht tun sollen, denn meine Vermutung, dass der arme Hund mit all den unbekannten, ohrenbetäubenden Geräuschen alleine zurechtkommen musste, bestätigte sich. Im Garten der Wallners sah ich nämlich Stefan mit einigen Gästen nach wie vor Feuerwerkskörper zünden, obwohl es schon 20 Minuten nach Mitternacht war. Und Birgit unterhielt sich, in ihre überteuerte Daunen-Moncler-Jacke gehüllt, mit ihrer Freundin, während die Kinder heimlich von den Sektgläsern der Erwachsenen nippten.

Und Leopold? Der war nirgendwo zu sehen. Ich konnte einfach nicht verstehen, wie irgendjemand seinen Hund an einem solchen Tag alleine lassen kann. Keine Party, keine Gesellschaft dieser Welt kann wichtig genug sein, seinen Vierbeiner einem solchen Stress alleine auszusetzen, ohne die Sicherheit seiner »Rudelmitglieder«.

Benji war in dieser Nacht jedenfalls nicht mehr aus dem Bad zu kriegen, obwohl schon längst eine Pipirunde fällig gewesen wäre. Aber es wäre undenkbar gewesen, ihn dort hinaus, geschweige denn auf die Straße zu bringen. Also beschloss ich, ihn durchhalten zu lassen und eventuell auch ein Malheur zu riskieren. Lieber ein angepinkelter Boden als ein schwer traumatisierter Hund.

Das Bleigießen verlegten wir in diesem Jahr einfach ins Badezimmer zu Benji, der einen Hauch entspannter wirkte, als wir alle da waren und uns normal verhielten.

Weil ich es aber nicht übers Herz brachte, ihn danach alleine zu lassen, rollte ich Haralds Iso-Matte auf dem verbleibenden Stück Fußboden aus, kroch in meinen Schlafsack und versuchte, zu Mozartklängen aus dem Radio einzuschlafen. Keine zwei Minuten später stieg Benji aus der Duschwanne und kuschelte sich eng an mich. So falsch konnte ich mich in den letzten Monaten nicht verhalten haben, das war eine eindeutige Vertrauensgeste unseres Hundes, die ich mit offenen Armen annahm. Wieder kraulte ich ihn sanft, stellte das Radio ab und irgendwann schlief Benji dann endlich ein.

Ich dagegen lag wach und starrte die Decke an, während mir tausend Gedanken durch den Kopf gingen. Unter anderem, dass ich auch die Hundebox aus dem Auto im Wohnzimmer hätte aufstellen können – die liebt Benji als Schutzhöhle doch so sehr. Damit hätte er den Abend zumindest in unserer Nähe und in einem gewohnten Raum verbringen können. Aber wer weiß, ob ich ihn vom Bad überhaupt hinaus in die Box hätte locken können – vermutlich nicht. Und sie vorsorglich aufzustellen, war mir ehrlich gesagt nicht in den Sinn gekommen. Ich Dussel, echt.

Für nächstes Jahr ist die Box aber auf alle Fälle eine Option. Es sei denn, wir fahren einfach gleich nach Sylt, weil dort aufgrund der Reetdach-Häuser absolutes Knallverbot herrscht. Außerdem wäre das für mich ein gutes Argument, dort endlich mal Urlaub zu machen. Harald ist es auf Sylt nämlich zu flach und daher schmettert er meinen Vorschlag, die Ferien auf der Insel zu verbringen, seit Jahren ab.

Bei meinen Gedanken an mögliche Ferienziele wurde mir bewusst, dass Benji seit unserem letzten Urlaub bei uns war – fast fünf Monate schon. Wow! Und welche Probleme wir anfangs mit ihm gehabt hatten! Erst vorgestern hatte ich in dem Trainingstagebuch, das Corinna empfohlen hatte, nachgelesen, was damals alles noch so gar nicht geklappt hatte.

Ich hatte diese Notizen zwar bald wieder sein gelassen, weil mit den Jungs gerade im Oktober und November in der Schule immer so viel los ist. Aber dennoch ließ sich gut erkennen, wie viele Fortschritte wir in der Zwischenzeit schon gemacht hatten: Ständiges Ziehen an der Leine, bei Klingeln zur Tür stürzen und wie verrückt bellen, an jedem Hereinkommenden hochspringen, andere Hunde anpöbeln und vieles mehr gehören nun der Vergangenheit an.

Klar ist Benji noch kein völlig angepasster Hund, der am Frühstückstisch nicht mal die Nase in Richtung Brötchen ausstrecken, geschweige denn ein Stück Schinken von dort klauen würde. Und auch bei einem rumsausenden Hasen am Feld würde ich ihm noch nicht trauen – daher momentan lieber nach wie vor mit Schleppleine. Aber alles in allem war das Leben mit unserem Vierbeiner schon um ein Vielfaches entspannter als zu Trainingsbeginn vor drei Monaten.

Was man mit ein wenig Durchhaltevermögen und der nötigen Unterstützung von einem Profi alles erreichen kann! Dabei hat Katja mir erzählt, sie habe beim Gassigehen mit Ellie Birgit durch ihre schicke Bambushecke über meine Erziehungsmethoden lästern hören. Unsere Promenadenmischung wäre einfach nur dankbar, gerettet worden zu sein, und könne sich Mätzchen gar nicht leisten. Außerdem würde ich unsere Kinder ja auch nur drillen, die würden wie der arme Hund nur aus lauter Angst vor mir parieren.

Was soll man dazu noch sagen? Als ob sich Hunde aus reiner Dankbarkeit so verhalten würden, wie wir das wollen! Da hätten Menschen wie Corinna keinen Job mehr. Hunde leben im Hier und Jetzt, das wurde in einem der Hundecoaching-Formate, die ich mir regelmäßig ansehe, sehr klar beschrieben. Die schauen nicht zurück und »denken« sich: *Na, vielleicht sollte ich doch mal besser mit dem ewigen Kläffen am Zaun oder dem ständigen Ziehen an der Leine aufhören, sonst bringen Frauchen und Herrchen mich womöglich ins Tierheim zurück.*

Aber Birgit kann man ohnehin nicht ernst nehmen, denn einmal gehorcht Benji aus Angst, wieder am nächsten Rasthof zu landen, dann meint sie wieder, unser Hund wäre einfach ein Glückstreffer, der gar nicht wo wahnsinnig viel Erziehung braucht.

Dabei frage ich mich, wie gerade Birgit sich irgendein Urteil über andere Hundehalter anmaßen kann. Sie selbst geht immer den Weg des geringsten Widerstandes und sucht schnelle »Lösungen« wie Bootcamps oder Kastration, um für sie unbequeme Verhaltensweisen ihres Hundes ohne eigenen Einsatz in den Griff zu bekommen.

Was ihr offenbar nicht gelungen ist, denn Katja hat mir auch verraten, dass die Gute sie schon durch die Blume gefragt hat, wohin man einen Hund denn wieder abgeben könnte. Leopold sei trotz Kastration immer noch nicht gut zu handlen und so würden ihr Mann und sie nun über eine »andere Lösung« nachdenken. Außerdem würde Stefan plötzlich doch allergische Reaktionen gegenüber dem Hund zeigen, obwohl das Tier ja angeblich allergikerfreundlich sei.

Katja war total entsetzt und hatte sofort darüber nachgedacht, den Hund vorübergehend zu sich zu nehmen, bis neue Halter für ihn gefunden sind, damit er nicht weiter in diesem schädlichen Umfeld bleiben muss. Selbst ich hatte überlegt, den armen Halbwüchsigen zu uns zu nehmen, aber das wäre mit Benjis aktuellem Erziehungsstand einfach leichtsinnig und würde nur in Chaos enden. Armer, armer Leopold ...

Um mich in meinem Badezimmerboden-Camp von den Gedanken an den unglücksseligen Hund der Wallners abzulenken, nahm ich mein Handy und schaute nach, wer mir Neujahrsgrüße geschickt hatte. Das Nachrichten-Symbol zeigte über 20 Eingänge an. Ich las eine nach der anderen und beantwortete sie. Bis ich bei der Nachricht von Katja von 20:37 Uhr angekommen war. Als ich die öffnete, sah ich, dass da einiges mehr stand als die üblichen Glückwünsche, und wieder mal fragte ich mich, wie es diese jungen Leute schaffen, immer halbe Romane als Textnachrichten zu versenden. Neugierig begann ich zu lesen:

»Du glaubst nicht, was gerade passiert ist«, schrieb sie. *»War mit Ellie noch eine schnelle letzte Runde drehen. Und wer kommt mir entgegen? Der total verstörte Leopold ... mutterseelenallein auf der Straße! Und keiner der Wallners irgendwo weit und breit. Hab den Kleinen dann mit viel Glück einfangen können und ihn wieder nach Hause gebracht. Die hatten ihn noch nicht mal vermisst!*

Er war offenbar durch die Knallerei verschreckt worden und ist abgehauen. Ich hätte Birgit am liebsten angebrüllt, damit die vielleicht doch endlich zu sich kommt. Stattdessen hab ich ihr aber angeboten, Leopold mit zu mir nach Hause zu nehmen. Hätte es einfach nicht übers Herz gebracht, das arme Tier während des ganzen Böllerlärms bei den Wallners zu lassen. Hoffe, Benji übersteht die Knallerei halbwegs. Rutscht gut rüber, ihr Fünf!«

Unglaublich! Wenn Benji auch nur fünf Minuten weg wäre, würde mir das auffallen. Und wie kann ich das arme Tier an einem Tag mit so viel potenziellen Schreckmomenten frei rumlaufen lassen? Na, wenigstens hatte Leopold die Nacht nicht bei den Wallners verbringen müssen. Da war mir schon wohler. Ich war sicher, Katja hatte alles Menschenmögliche getan, um ihm und Ellie den Jahreswechsel so angenehm wie möglich zu gestalten. Gott sei Dank mögen die beiden Hunde einander, sonst wäre das keine Option gewesen.

Aber wie sollte es mit dem anstrengenden »Teenager« nun weitergehen? Welche Familie würde einen Hund aufnehmen wollen, bei dem schon so viel schiefgelaufen ist und sich bereits eine ganze Reihe bedenklicher Verhaltensweisen manifestiert hat?

Vor meinem geistigen Auge sah ich schon, wie Leopold die typische »Problemhund-Karriere« einschlagen und im Dreimonatsrhythmus von einem Halter zum nächsten weitergereicht würde, bis irgendwann Schlimmeres passierte und ... nein, den Gedanken wollte ich gar nicht zu Ende denken. Wie könnte man das alles nur verhindern? Als Lösung blieb mir nur, einen frommen Neujahrswunsch ans Universum zu schicken, Leopold möge ein schönes neues Zuhause finden.

Plötzlich leuchtete der Bildschirm meines Handys auf, das ich Benji zuliebe auf lautlos gestellt hatte, und ich sah, dass ich schon wieder eine Nachricht von Katja hatte. Und als ob sich meine Gedanken telepathisch drei Häuser weiter übertragen hätten, schrieb sie:

*»Habe gerade eine Entscheidung getroffen: Leopold wird bei mir bleiben. Dieses unsichere Würstchen jetzt noch auf grade zu kriegen, wird zwar eine Herausforderung, aber es ist machbar. Und in Wahrheit hat er ein sehr liebes Wesen. Du hättest ihn heute mal mit Ellie sehen sollen. Wallners sind einverstanden damit, dass ich ihren Hund übernehme. Überraschung! *Ironie off* Bis morgen bei unserer Abendrunde, diesmal mit drei Fellnasen und hoffentlich knallerfrei!«*

Mir stiegen die Tränen in die Augen. Einen besseren Platz hätte ich mir für Leopold nicht wünschen können. Er war noch jung genug, dass ein Großteil der verpassten Sozialisierung und Erziehung mit positiven Erfahrungen und Training durch Katja ausgeglichen werden könnten. So prompt hatte sich noch nie einer meiner Neujahrswünsche erfüllt.

Mit meinen wohlig warmen Gedanken an Leopold und das Leben, das er nun vor sich hatte, fiel ich dann gegen vier Uhr morgens endlich in einen unruhigen Schlaf, in dem ich mich bestimmt 438 Mal rumgewälzt habe. Dass Benji das nicht zu bunt wurde, wunderte mich. Allerdings lag der in der Früh auch gar nicht mehr neben mir – offenbar dürfte ich irgendwann doch in den Tiefschlaf gesunken sein. *Oh mein Gott, ich hoffe, er kauert nun nicht woanders und zittert immer noch*, dachte ich und wollte ins Wohnzimmer laufen. Auf dem Weg dorthin stieß ich, etwas schwindelig vom schnellen Aufstehen, an die unterste Schublade im Flur, die offen stand und irgendwie durchwühlt wirkte. Schlaftrunken dachte ich kurz an einen Einbruch und eilte ins Wohnzimmer, um nach Benji zu schauen und die Unversehrtheit von Fenstern und Terrassentür zu prüfen.

Dort deutete jedoch nichts auf ein gewaltsames Eindringen hin – jedoch auch auf keinen Hund. Ich suchte und rief nach ihm, aber nichts. Nun machte sich wirklich Panik breit, weil Benji seit einigen Wochen auf Rufen zuverlässig kommt. Doch dann entdeckte ich auf dem Esstisch ein Post-it mit einem großen Herz und folgender Nachricht: »Die Lage hat sich beruhigt, bin mit Benji unterwegs, er ist wieder der Alte! Ich liebe dich!«

Mir fiel ein Stein vom Herzen und gleichzeitig kam ein richtig warmes Gefühl in mir hoch. Unter dem Nachrichtenzettel versteckte sich nämlich noch ein zweites gelbes Blatt, das mit »Meine wichtigsten Vorsätze fürs neue Jahr« betitelt war. An Position Eins stand doch tatsächlich »Fixtermin: Morgenrunde mit Benji! Beschäftigung, Training und Spaß. Ohne Fasane. An der Schleppleine J.« Letzteres erklärte mir dann auch, warum die Schublade in der Flurkommode offen stand.

Dankbar und voller Zuversicht drückte ich den Zettel an mein Herz. Ja, so kann das neue Jahr beginnen ...

DANK

CONNY

Mein größter Dank gilt allen Hunden und Menschen, die mir ihr Vertrauen geschenkt haben und mir auf meinem bisherigen Weg so wichtige Lehrmeister waren. Ich hoffe, ihr verzeiht mir schmunzelnd, wenn ihr euch an einigen Stellen wiedergefunden habt.

Waidmannsdank auch an Morillon und den Herrn in Grün, die mich zu Kapitel Eins inspiriert haben. Leia, dir wollte ich immer schon mal Danke sagen, für deine Geduld, deine unendliche Treue und das Aussitzen der vielen Fehler, die ich damals noch gemacht habe.

Apropos Leia: Danke auch an »Uschi« und den Herrn vom »Abrichteplatz«, der mich durch seine diffamierende Art dazu gebracht hat, zu beweisen, dass es auch ohne Kettenwürger, Militärton und Leinenruck geht.

Danke Emma, du verrücktes Huhn. Du hast mich gelehrt, dass es total okay ist, nicht perfekt zu sein. Abbey, danke für deine unendliche Genügsamkeit. Du warst so rein im Herzen und die tapferste Kämpferin, die mir je begegnet ist. Danke Semmerl, dass du so eine coole Begleiterin geworden bist und mich gelehrt hast, dass man so manche »Spleens« auch einfach akzeptieren kann.

Danke an Mama und Papa für eure gesunde Skepsis und die dennoch große Unterstützung, mich tun zu lassen, was ich immer wollte.

Danke, liebe Anna, für die großartige Idee zu diesem Buch und deine Geduld mit meiner i-Tüpferl-Reiterei, aber auch für deinen hohen Anspruch und Perfektionismus, mit dem du diesem Buch den perfekten Ausdruck verliehen hast. Ohne dich und deine Vehemenz und Zielstrebigkeit wäre dieses Buch nie zu dem geworden, was es heute ist: ein echter Hunderatgeber mit Liegestuhlqualität.

ANNA

Danke ... an alle, die die Entstehung dieses Buches ermöglicht haben.

Auf der Expertenseite möchte ich Martin Rütter danken, der mich mit seiner humorigen Vermittlung der Hundeerziehung dazu inspiriert hat, ein weiteres Sachbuch im unterhaltsamen Erzählstil zu schreiben. Ihm ist es auch zu verdanken, dass ich meine wunderbare Co-Autorin Conny Sporrer kennenlernen durfte, die gemeinsam mit mir den Sprung ins kalte Wasser – oder vielmehr in eine neue Textsorte – wagte und den Mut hatte, sich mit einem völligen Hunde-Neuling in dieses Abenteuer zu stürzen.

Danke Conny für deine unermüdliche Bereitschaft, dich zwischen Hundetrainings, Welpengruppen, Presseterminen, Vorträgen und Telefonkonferenzen unserem Herzensprojekt zu widmen. Ich denke, das halbe Buch ist im Auto, im Flugzeug und vor allem nach Mitternacht entstanden (zumindest deine Hälfte).

Danke auch an Bimbi. Die Facebook-Posts deiner beiden Vierbeiner sind immer zum Brüllen und haben mich dazu inspiriert, doch endlich mal die Hunde ihre Sicht der Dinge schildern zu lassen. Damit wir ein Stück weit besser verstehen, wie sie ticken. Daher danke auch an euch, Fussl und Gustl, ihr Süßen!

Bleibt noch, meiner wunderbaren Familie Danke zu sagen. Benji und Flo – aus euch beiden sind zwei wunderbare junge Männer geworden, die wissen, wo ihre Wurzeln sind, und auf die immer Verlass ist. Die Liebe von und für euch gibt mir jeden Tag aufs Neue Kraft – nicht zuletzt auch fürs Schreiben.

Der größte Dank aber gilt dir, Andi. Seit ich 2013 mit dem Schreiben begonnen habe, ist deine Arbeitslast immens gestiegen, um mir den Raum für die Verwirklichung meines Lebenstraums zu geben. Danke für deine unendliche Geduld, deine Unterstützung und deinen Glauben an mich und meine Buchprojekte. Und dafür sage ich nicht nur in meinem, sondern auch im Namen all der Kinder und Hunde Danke, die dadurch hoffentlich ein besseres Leben haben werden ...

Wir beide möchten schließlich auch all den Zweiflern danken, die gemunkelt hatten, für diese besondere Mischform aus Roman und Sachbuch würde es keine Leserschaft geben. Gerade dieser Gegenwind hat uns angetrieben, getreu nach dem Motto:

> »Wenn eine Idee nicht zuerst absurd
> erscheint, taugt sie nichts.«
>
> Albert Einstein

LITERATUR UND LESEEMPFEHLUNGEN

TRAINING, ERZIEHUNG UND »PROBLEM«LÖSUNG

Jansen, K. (2013). Rassespezifisches Territorialverhalten bei Hunden: Richtiges Verständnis und Erziehung, Reutlingen: Oertel u. Spörer

Mrozinski, N. (2018). So geht Hund! Vom ersten Kennenlernen bis zum gemeinsamen Alltag: Der etwas andere Beziehungscoach, München: Gräfe und Unzer

Nijboer, J. (2009). Vom Welpen zum Familienhund mit Natural Dogmanship, Stuttgart: Kosmos Verlag

Rütter, M. & Buisman, A. (2020). Hundetraining mit Martin Rütter, 3. Auflage Stuttgart: Kosmos Verlag

Rütter, M. & Buisman, A. (2015). Jagdverhalten bei Hunden: Martin Rütters Hundeschule, Stuttgart: Kosmos Verlag

Rütter, M. & Buisman, A. (2016). Hunde beschäftigen mit Martin Rütter: Spiele für jedes Mensch-Hund-Team, Stuttgart: Kosmos Verlag

Rütter, M. & Buisman, A. (2017). Hund und Kind – mit Martin Rütter: So werden sie zum perfekten Team. Stuttgart: Kosmos Verlag

Rütter, M. & Buisman, A. (2022). Problem gelöst! mit Martin Rütter: Unerwünschtes Verhalten beim Hund, 2. Auflage, Stuttgart: Kosmos Verlag

Rütter, M. & Buisman, A. (2018). Angst bei Hunden – mit Martin Rütter: Umgang mit ängstlichen und traumatisierten Hunden, Stuttgart: Kosmos Verlag

Rütter, M. (2011). Aggression beim Hund: Ursachen erkennen, Verhalten verstehen und richtig reagieren, Stuttgart: Kosmos Verlag

HUNDEVERHALTEN

Feddersen-Petersen, D.U. (2008). Ausdrucksverhalten beim Hund: Mimik und Körpersprache, Kommunikation und Verständigung, Stuttgart: Kosmos Verlag

Feddersen-Petersen, D.U. (2013). Hundepsychologie: Sozialverhalten und Wesen, Emotionen und Individualität, mit DVD, 2. Auflage, Stuttgart: Kosmos Verlag

Ganslosser, U. & Kitchenham, K. (2019). Hunde-Forschung aktuell: Anatomie, Ökologie, Verhalten, 1. Auflage, Stuttgart: Kosmos Verlag

Ganslosser, U. & Strodtbeck, S. (2021). Kastration und Verhalten beim Hund, 4. Auflage, Stuttgart: Müller Rüschlikon

Rütter, M. & Buisman, A. (2016). Sprachkurs Hund mit Martin Rütter: Körpersprache und Kommunikation, Stuttgart: Kosmos Verlag

STICHWORTVERZEICHNIS

Anspringen 41, 56 ff.
Ausziehleine 112 f.
Begrüßen des Hundes 24, 144, 146 ff.
Belohnen, richtig 64, 115 f.
Beschäftigung, geistig 43 f., 63 f., 167 f., 174 f.
Beschwichtigungssignale 72
Boxentraining 163 f., 178
Domestikation 129 ff.
Dominanz 29 f.
Geräuschangst 181 ff., 186–193
Grundmotivationen 38–43
Hund schützen/ abschirmen 134 f.
Hundebegegnungen 134 f., 172 f., 177
Imponiergehabe 40, 54, 133
Impulskontrolle 44 ff., 143 ff.
Individualdistanz 58, 71
jagdliche Motivation 41
Jagdverhalten, unerwünschtes 10–21
Kastration 136
Kind und Hund 23, 143, 95, 156, 162
Kommunikations-missverständnisse 78–85
Konsequenz 39, 55 f.
Kontrollverhalten 50 ff., 101
Leinenführigkeit 89 ff., 100, 106–110
Liegestelle, feste 144, 154 f.
Markierverhalten 98, 102, 106 f.
Panik, Angst, starke 181–193
Positive Verstärkung 31, 115 f.
Rückruf 101, 108–114
Rudelordnung, Rang-ordnung 47
Rutewedeln 147, 160
Schleppleine 112f., 126
sexuelle Motivation 39, 133
Silvester 181–198
Sitz 45 f., 64
soziale Motivation 41
Sozialisierung 69 f.
Spielverhalten 36
Stresssignale 72
territoriale Motivation 39 f., 83, 131
Überbeschäftigung 169–172, 174 f.
Übersprunghandlung 116
Wälzen 93, 101 f.

NOTIZEN

NOTIZEN

ÜBER DIE AUTORINNEN

© Sandra Schmid Fotografie

CONNY SPORRER

Nach ihrer Hundetrainer-Ausbildung bei Martin Rütter in Bonn leitet Conny Sporrer seit 2013 ihre eigene Hundeschule in Wien, ist Fachautorin, TV-Hundetrainerin, Referentin für das DOGS Studium, Gründerin ihrer eigenen Online Hundeschule und inzwischen auch erfolgreiche Podcasterin. Bei ihr werden vor allem die Menschen im richtigen Umgang mit Hunden geschult – Verständnis und Beziehung zwischen Hund und Halter spielen dabei die wichtigste Rolle.

© privat

ANNA MARIA SANDERS

Anna Maria Sanders hat sich der unterhaltsamen Vermittlung von Sachwissen im Erzählstil verschrieben. In ihrem 2016 erschienenen Buch *Ich dreh gleich durch! Tagebuch eines ADHS-Kindes und seiner genervten Leidensgenossen* sowie dem 2019 erschienenen Nachfolgeroman *Schon wieder hat Max* … bietet die Autorin einen tiefen Einblick in die ADHS-Thematik bei Kindern. Neben ihrer Autorentätigkeit hält Anna Maria Sanders Vorträge zu den Themen ADHS in Österreich, Deutschland und der Schweiz und ist Podcasterin sowie Leiterin des ADHS-Family Online-Kurses (www.adhshilfe.net/kurs).